Big Science for Growing Minds
Constructivist Classrooms for Young Thinkers

培养小小科学家
幼儿科学教育中的建构主义教学法

[美] Jacqueline Grennon Brooks 著

蔡菡 译

中国轻工业出版社

图书在版编目（CIP）数据

培养小小科学家：幼儿科学教育中的建构主义教学法／（美）杰奎琳·格伦诺·布鲁克斯著；蔡菡译.—北京：中国轻工业出版社，2022.6（2024.1重印）
ISBN 978-7-5184-3843-3

Ⅰ.①培… Ⅱ.①杰… ②蔡… Ⅲ.①幼儿教育－教学法 Ⅳ.①G612

中国版本图书馆CIP数据核字（2022）第011533号

版权声明

First published by Teachers College Press, Teachers College, Columbia University, New York, New York USA.

Copyright © 2011 by Teachers College, Columbia University.

All rights reserved. No part of this publication may be reproduced or transmitted in any form or by any means, electronic or mechanical, including photocopy, or any information storage and retrieval system, without permission from the publisher.

保留所有权利。非经中国轻工业出版社"万千教育"书面授权，任何人不得以任何方式（包括但不限于电子、机械、手工或其他尚未被发明或应用的技术手段）复印、拍照、扫描、录音、朗读、存储、发表本书中任何部分或本书全部内容，以及其他附带的所有资料（包括但不限于光盘、音频、视频等）。中国轻工业出版社"万千教育"未授权任何机构提供源自本书内容的电子文件阅览、收听或下载服务。如有此类非法行为，查实必究。

责任编辑：吴　红　　　　　责任终审：张乃柬
文字编辑：李芳芳　　　　　责任校对：刘志颖
策划编辑：吴　红　　　　　责任监印：吴维斌

出版发行：中国轻工业出版社（北京鲁谷东街5号，邮编：100040）
印　　刷：三河市鑫金马印装有限公司
经　　销：各地新华书店
版　　次：2024年1月第1版第2次印刷
开　　本：710×1000　1/16　印张：16
字　　数：120千字
书　　号：ISBN 978-7-5184-3843-3　定价：58.00元
读者热线：010-65181109
发行电话：010-85119832　　010-85119912
网　　址：http://www.chlip.com.cn　http://www.wqedu.com
电子信箱：1012305542@qq.com
如发现图书残缺请拨打读者热线联系调换
232138Y1C102ZYW

译 者 序

在获得南京师范大学幼儿园课程与教学方向的博士学位之前,我曾在一所知名幼儿园工作了整整13年。在作为幼儿教师的这13年里,我发现不论是对于新教师还是对于成熟教师,科学活动都是公认比较棘手、难以把握的一类活动。显然,掌握抽象的科学名词、科学原理不是幼儿阶段的学习目标,遵循教师的指导步骤操作实验以达成"预定结果"也不是一种理想的科学学习方式。那么,我们应该如何遵循幼儿的思维特点开展科学探究活动,来实践教育部颁布的《3—6岁儿童学习与发展指南》中科学领域章节所提出的"激发探究兴趣、体验探究过程、发展初步的探究能力",并最终促进幼儿的发展呢?

2021年的年中,我有幸承担了本书的翻译工作。翻译过程中我欣喜地发现本书中的许多观点和做法与《3—6岁儿童学习与发展指南》不谋而合。比如:二者都鼓励幼儿"提出问题、验证自己的猜测",主张教师和幼儿共同"制订调查计划,讨论调查对象、步骤和方法等"(而不是教师制订好计划由幼儿执行),以及强调探究中的"多途径记录和表征""与他人的合作与交流"和"建构自己的解释"等。相信本书能为一线教师更好地践行《3—6岁儿童学习与发展指南》的精神提供思路和可借鉴的案例。

本书基于建构主义的学习观和建构主义教学法,探讨了幼儿园的科学教育,提出了一系列的核心概念和实践主张。

第一,作者把所有人视为天生的科学家,把儿童视为心智不断发展着的思考者。因此，她把科学活动视作像科学家一样去探究发现的过程，鼓励教师从儿童天生的好奇心出发，在创设环境、生成问题、调查实验并建构解释的过程中，帮助幼儿学习科学"大概念"（Big Ideas）并通过同化和顺应的方式改变自己的心智结构。最终，儿童在成人的帮助和支持下，通过反省抽象不断地修正自己的心智结构，进而获得心智的成长。

第二，本书描绘了基于统领性的科学"大概念"开展活动的理想样态。科学教育中"大概念"的提出可以追溯到奥苏贝尔（Ausubel，1963），历经多轮改革，目前国际科学教育界对此理念的看法正趋于一致。即：大概念是指能反映学科本质，能够联结和统领零散知识点，处于更高层次、居于中心地位、藏于更深层次，能长久保留和广泛迁移的原理、思想、方法等。科学教育不应该传授给孩子们支离破碎、脱离生活的抽象概念和事实，而应通过围绕一些重要的、统整性的科学观念（即"大概念"）组织内容，建构统一的科学概念体系，并在此基础上引导学生开展实践活动。从这个角度来说，基于大概念的教学是一种指向学科核心素养的、整合性的学习。作者基于这样的认识，要求教师在整体把握具体活动所指向的"大概念"后，才与幼儿一起开展具体的科学活动，从而避免错失引导幼儿深入探究的良机。

第三，本书通过一系列统一概念来解释科学，并以此作为科学教学的背景。由美国科学促进会（American Association for the Advancement of Science，AAAS）于1993年发布的《科学素养基准》（Benchmarks for Scientific Literacy）是美国首次引入"统一概念"的普及性文件。后经美国国家研究委员会（National Research Council，NRC）及相关专家的研究，共同确定了统一概念，并将其作为探究并解释世界的一种方式来建构美国科学教育的框架和标准。作者从统一概念的角度出发，认为科学不是静态的，而是动态不断发现的过程。因此，儿童的科学探究与科学家们的发现有着共同点——"科学思维"。她指出:"所有科学家都关注形态、功能、系统、平衡、模型、变化这些要素。"因此,儿童对周围世界的科学探究会遵循一些既定策略,这些策略也同样能用来帮助儿童形成自己的理解。这些策略包括:"将形态和功能相关联""观察整个系统及其顺序和组织""考量平衡和演化""制作模型、收集证据并提供解释""测量哪些发生了变化和哪些保持不变"。这5条简化的策略被称为统一概念(National Research Council,1996)。围绕这5条策略设计科学课程、组织活动甚至设计提问,将为科学教学带来全新的变革。

第四,本书结合了大量实例,按"大概念""生成的相关问题""材料/教学过程"这三个部分,介绍了科学领域建构主义课堂的创设模式。作者批判了"由教师设计实验,让孩子统一操作验证"的科学活动模式。随后围绕如何创设问题情境、如何引导幼儿提出疑问、如何与孩子一起设计调查(包括建模)、如何组织有价值的讨论,以及如何与孩子协商活动过程等问题,作者提出了具体的见解和操作方法,并结合案例详细阐述了在同样的统一概念下,如何开展不同内容、不同主题单元的科学探究活动。

第五,本书还非常重视科学活动的评价,并提到了很多评估科学活动质量的标准或条目,方便幼儿教师们根据这些内容进行自我评估。例如:第二章中的"教学与评价相结合"部分,清晰地阐述了评价对教学的意义;在第六章中,在讨论学习的可迁移性时,提出了供教师参考的"三条经验法则";第六章的课堂研究部分列出了四条观察清单,以指导教师探寻儿童的思维模式,而不是考查儿童对事实的掌握。在具体的活动案例中,作者也结合了实践案例来讨论如何评估学生的学习,例如:"仔细倾听孩子的猜测或理由,要求孩子解释他们的预测,对孩子的原始陈述进行追问,观察孩子如何选择材料和如何使用材料"等。

本书中的一些观点简单直白却振聋发聩，如："我们如何学习将决定我们学到了什么""提供机会，而不是概念""追求意义的建构""成为会学习的人""科学就是有规律的质疑""与孩子们一起思考，而不是替孩子思考""错误带来真理"等。值得一提的是，本书中所使用的科学活动材料都是生活中常见的易得物品，便于幼儿园一线教师们借鉴和使用。

感谢中国轻工业出版社万千教育编辑部吴红老师及其他编辑对我的帮助，使得本书得以顺利出版。感谢我的家人对我的支持，让我在工作之余能够全身心地投入翻译工作中；尤其感谢我的先生奚润丰在翻译方面给予我的帮助，使本书的翻译质量得到了更多保证。本书的翻译过程也让我受益匪浅，但由于我时间有限、翻译能力和经验不足，译文中必定会有纰漏和不足之处，恳请读者、专家批评指正。

蔡 菡

2022 年元旦

于常熟理工学院东湖校区

推 荐 序

您是为了效仿您所遇到过的最好的教师而成为一名教师的吗?抑或您成为教师,是为了比你以前遇到过的最严厉的教师做得更好?当您看到才华横溢的教师与孩子们一起工作时,您可能会想知道,为了引发这样的教学实践,教师们是如何想出这些做法的。杰奎琳·格伦诺·布鲁克斯(Jacqueline Grennon Brooks)教授让我们得以一窥在科学教育中产生杰出实践的过程。她将科学概念和积极观点的学习与特定的教学实践联系在一起。

布鲁克斯博士以一种平易近人的、直截了当的个人风格与读者直面交流。她的表达浅显易懂,让本书引人入胜,因为它挑战着读者,鼓励读者提出难题来难倒作者。作者预见了这些问题,并在本书的许多小片段中提供了答案,这些小片段提供了对特定主题的深入分析,答案则结合了人类发展、大脑的相关研究,科学标准,整合学习和教学的策略。对于具有创造力并乐享其中的年幼学习者和他们的教师而言,这些内容从头至尾都是容易理解且产生共鸣的。布鲁克斯博士抓住了我们所有人的好奇天性。

本书回答了关于幼儿为什么学、学什么、如何学、何时学以及在哪里学的问题,以及优秀的教师为什么教、教什么、如何教、何时教、在哪里教重要的科学知识的问题。作者清晰地将目前关注较多的评估问题与满足不同儿童群体的需求结合在一起。

我们需要庆祝这本书的诞生。它生动地展现了在教师创设了与幼儿整合意义的能力相匹配的条件后,幼儿是如何学习科学观念的。在这本书里,建构主义实践变得栩栩如生。在这个高利害测验盛行的时代,这是一个能够维护教师真正的专业实践的模式。祝贺布鲁克斯博士和哥伦比亚大学师范学院出版社出了一本好书!

多丽丝·普罗宁·弗罗伯格

(Doris Pronin Fomberg)

于霍夫斯特拉大学

致　　谢

这一页页的书中融入了我的许多同事、朋友、学生以及孩子们的声音和努力，我珍视他们的付出并感谢他们所有人。我的幼儿教育导师多丽丝·弗罗伯格（Doris Fromberg）为我撰写本书奠定了基础。她对幼儿生活的不断探索一直是我开展研究的灵感源泉，她还亲切地同意撰写推荐序，对此我深表感激。多丽丝向哥伦比亚大学师范学院出版社的玛丽·埃伦·拉卡达（Marie Ellen Lacarda）介绍了我，玛丽是一位杰出的编辑，她用坚定的手段和温柔的方式指导着这个项目。她将这个项目交给了香农·韦特（Shannon Waite）、南希·鲍尔（Nancy Power）、贝弗莉·里韦罗（Beverly Rivero）和塔妮娅·比斯尔（Tania Bissell），他们每个人都小心地通力合作，最终将这份手稿变成了一本某些人可能想阅读的书。他们每个人都值得我去尊敬和感谢。

这里我要感谢埃洛伊丝·格穆（Eloise Gmur）、罗丝·蒂罗塔（Rose Tirotta）和安娜·森拉（Ana Senra），感谢他们细致且准确的工作。最重要的是，我要感谢他们帮助编排本书、解决图表和数据图难题以及核查参考文献，在此过程中他们展现出了良好的品质。

南希·莫尔维洛（Nancy Morvillo）凭借她娴熟的研究才能和敏锐的头脑，提供了科学知识部分的许多背景介绍。斯蒂芬妮·孔特雷拉斯（Stephanie Contreras）阅读了本书的第一稿，对于新教师需要从一本科学教育图书中获得什么，她提出了自己的独到见解。克里斯蒂娜·坎皮西

（Christine Campisi）在第五章中贡献了自己深刻的课堂教学反思。在薇薇安·多雷穆斯（Vivian Doremus）的餐桌边，我们进行了整整为期一周的换位思考以交换观点。

洛里·安东纳卡基斯（Lori Antonakakis）不仅拿起了她的照相机，还拿出了她的好脾气和创造精神，她拍摄了介绍第十二章和第十三章课程的照片。在这两章的每个字里行间，都是我和凯茜·贝内特（Cathy Bennett）、汤姆·马托内（Tom Mattone），以及我与孩子们一起度过的无尽时光的美好回忆。我和许许多多的孩子一起擦洗脏兮兮的硬币、处理脏水、制作新鲜的意大利面，并和他们一起思考这一切意味着什么。我们身边还有许多初中和高中的职前教师，对于如何教授中学科学，他们从这些小小科学家那里获得了丰富的启迪和想法，我们在一起学到了很多东西。

在纽约杰斐逊港儿童海事博物馆，孩子们用相互鼓励和合作的方式，教我如何设置货运挑战（第五章）和水轮挑战（第十三章）。孩子们和我的同事们给这个富有创新精神的博物馆带来了活力和鼓舞，感谢你们和我分享创造新事物的喜悦。

我要感谢与我分享过各种经历的许多新教师、专家型教师，以及各个年龄段的孩子们。我要感谢我的姐姐洛丽·格伦诺（Lori Grennon），她阅读了最初的草稿并帮助我进行了澄清和简化；我还要感谢我的妹妹玛格丽·格伦诺（Margery Grennon），她曾陪我在多家一美元店里一起搜罗各种教学材料。我还要感谢我的丈夫马丁·布鲁克斯（Martin Brooks）、我的孩子埃米莉·布鲁克斯（Emily Brooks）和亚历克斯·布鲁克斯（Alex Brooks），他们帮助我收集种子、保存绳子、寻找岩石，并和我一起为我们共同分享的这个神奇世界而感到惊讶。

前　言

本书关注的是幼儿科学教育，但是在更广义范围内、在其他学科中，这些教学、方法和话题同样一直存在着。科学可能会发生在实验室、音乐厅、图书馆、厨房、教室、后院、美术馆、公园——可以说无处不在。科学存在于我们的思想中，所有人，无论年龄大小，都会将思想带到任何我们去过的地方。本书通过一系列的统一概念来解释科学，这些概念是科学教学的背景。这些统一概念是什么？它们来自何处？

《科学素养基准》（AAAS，2009）首次发布于1993年，它是引入了统一概念的普及性文件，《美国国家科学教育标准》（*National Science Education Standards*，NSES）（National Research Council，1996）使用这些概念建构了自己的内容标准。《美国国家科学教育标准》与数以千计的科学家和教育工作者所组成的许多委员会、理事会、事务委员会和组委会一起确定了统一概念，以此作为从形态和功能相关性的角度、从审视演化和平衡的角度、从建构模型和解释的角度、从测量和观察系统思考的角度，来考量自然和人造世界的方式。

从表面上看，这些概念似乎与幼儿教育课程相去甚远，但是我可以断言，它们植根于所有人（无论老少）的日常经历中，也是我在本书中阐明的论断。

我围绕与科学相关的所有主题的核心观点来组织本书框架，而不是将本书组织成特定的若干科学主题。同时，围绕某个核心基本教学法进行教育讨论，所讨论的内容贯穿各年龄段，而不是只针对幼儿。对于一本幼儿科学图书来说，这样的组织方式并不常见，但我认为这种与众不同正是我们现在所需要的。如果我们不重新考虑幼儿科学教育和一般的科学教育，我们将永远无法实现全美幼教协会（National Association for the Education of Young Children，NAEYC）、美国科学教师协会（National Science Teacher Association，NSTA）、美国国家研究委员会、《美国国家科学教育标准》或任何长期研究儿童和科学的国家委员会所发布的愿景。

撰写本书时，我想到了我的学生通常所掌握的科学定义，他们大多是师范生或新手教师。我的许多学生来上课时都认为科学是静态的，并试图寻找带有事实盒子[1]或涵盖重要论题列表的书籍。作为回应，我为他们提供了与他们最初寻求的东西不同的内容。如果教师和儿童在统一概念所涉及的领域（形态、功能、平衡、演化、系统、秩序、组织）中，参与统一概念的形成过程（关联、观察、考量、制作、收集、提供解释和测量），那么儿童和教师可以从证据中得出事实。来自证据的事实通常会引发学习者从其他渠道中搜索更多事实。探究事实是为了探寻某种总体概念，这些概念可以帮助学习者理解比探究事实之前他们所理解的多得多的内容。

我的大多数学生都觉得这个新视角很有意义，甚至是变革性的。大多数学生开始欣赏好奇和错误在他们自己学习中的作用，他们也开始欣赏基于证据的课堂教学的优点。

这本书以建构主义教学法为基础，该教学法将我们所有人都视为天生的科学家。我研究建构主义教学法已有数年之久，我仍将越来越坚定地投入其中。神经生物学研究开始蓬勃发展，来自神经科学界的数据越来越多地为建

---

[1] 其英文为"fact boxes"，通过隐喻手法意指现成的静态事实。——译者注

构主义提供了生物学的基础，并证明了为什么有意识的科学教学对于3—5岁的幼儿至关重要。

当学生绞尽脑汁以回答对他们来说重要的问题，或者花时间解决真实存在的相关问题时，可以想见，他们会努力工作并想要分享自己的发现。建构主义教师将课堂作为一个可供学生参与学习的安全环境，并促使他们突破自己当下想法的边界。他们所提供的任务类型，不仅有助于学生掌握学习自主权，还有助于提高儿童的听说读写能力，使其在这些方面达到日益复杂的水平。提出丰富的认知问题，并鼓励学生们这样做，创设了一个同时涉及内容学习、语言能力发展和创造性表达的环境。

建构主义观通常被误解为"别管孩子，什么都不告诉他们，然后看看会发生什么"。我的目的是消除这个误解，并说明在促进孩子进行学术和科学研究的过程中，教师在互动、理性思考和社会参与方面所刻意扮演的角色本质。鼓励追求学术意味着从儿童天生的好奇心出发，并创设环境来达到目标。当教师能够以一定的能力、理性、理解力和专注力来做到这一点时，我们在各个层次上都将拥有一流的科学项目规划。这本书描述了构成教师技能水平的各种因素，拥有这些技能的教师才能够实现这样的核心目标。

另一个误解是，建构主义教学和实践不能存在于一个问责的时代，这种观念必须引起人们的注意并加以解决。这种想法的缺陷在于问责制是新生事物。认真的专业教育者总是对班级儿童的幸福和学习负责。将标准化测验引入幼儿园和小学，可能会给早期教育领域的专业实践带来明显制约，却不会使这一领域变得更负责任。因为我们一直是负责任的。

要消除的第三个误解是，建构主义的课堂在某种程度上缺乏确保责任制所必需的重点和方向（具体而言，指让儿童为之前提到的标准化测验做好准备）。正如第二章所讨论的那样，不仅没有证据支持这一观点，而且有证据支持相反的观点。建构主义课堂的重点和方向有着严谨性上的优势，通过这一优势使得儿童发展出许多概念和技能，其中一些概念和技能可以通过标准化测验来衡量。

本书可用于大学教师所开设的大学教育课程，也可以作为幼儿园或小学教师开发科学课程的灵感来源，学校管理者也可以将其分发给教职工，以此作为讨论重构其教育计划中的教学法的起点。

这本书分为四个部分。第一部分"幼儿期的科学教育与建构主义"，将科学视为发现未知的过程，并将课程作为一系列的调查研究，在这些调查中，幼儿与他们的教师可以成为学习的伙伴。幼儿作为初学者，而他们的教师则逐步成为主导学习者。本部分提出了整本书的教学法，即一种建构主义的教学法，它认为我们都对自己所生活的世界赋予着自己的意义。

当教师将科学课作为一项真实的调查，而不是一组需要记忆的词汇或需要复述的规则时，教师其实就是认同了幼儿在发展自己理解的过程中所扮演的角色。这部分包括新教师的声音，他们努力并成功地为幼儿提供了丰富而有意义的学习科学的机会。

第二部分"幼儿科学学习概述"，以呼吁教师发现自己内心深处那个充满求知欲的学习者为开端，结尾时举例说明了有求知欲的学习者如何成为优秀的教师。本部分描绘了基于统领性的科学"大概念"进行课堂探究的样态，以及它们在促进儿童成长和发展中的作用。读者们可以探索教师在不同环境（包括课堂、家庭、社区和自然等各种环境）中促进科学学习的多种方式，以获得持续评估的能力，并能够根据问题调整课程。本部分的读者还可以进一步探讨人们如何学习，并质疑"平等"的学习机会的公平性。

第三部分"从统一的科学概念到课程"包括有序排列的三章，介绍了多个例子用以解释统一的科学概念，从而使幼儿教育者更容易接受。每次读者阅读到本书中的某个科学主题时，都能从该主题的上下文中找到一个或多个统一概念。

第四部分"从课程到科学的奇迹"开头两章描述了两个整合的、基于问题的课程单元：一个单元是使用日常家居用品学习化学和物理的相关概念与过程；另一个单元是使用水、土壤、沙子和盐，学习地球科学和生物学的相关概念与过程。本部分结束时讨论了科学教学与学习在课堂上不断取得成功需要具备的条件。若教师和幼儿想成为能够相互协作的科学家，那么课堂环境必须有利于科学探究。

本书中的科学研究着重强调科学、数学、技术、艺术和读写能力之间的联系，它们对于基于多种途径解决问题的课程尤为重要。本书的重点是儿童的科学思维和教师的教学思想，因为儿童和教师需要共同努力，从而建构对美丽的大自然和人类世界的更好的认识。

目　　录

第一部分　幼儿期的科学教育与建构主义

第一章　想法不断发展的小小科学家 3

一、不断发展着的想法促使幼儿成长 3

二、不断发展着的想法让幼儿变得更聪明 5

三、建构主义课堂 8

四、专业知识标准 9

五、指向年轻公民的技术 10

六、简单的重要性 11

七、为不断发展着的想法提供空间 13

八、《美国国家科学教育标准》 14

九、一则简讯 16

第二章　建构主义学习观 19

一、建构大概念 22

二、生成的相关问题 26

三、观点 28

四、教学与评价相结合 31

五、追求意义的建构 33

六、提供机会，而不是概念 ·· 34

七、我们如何学习决定了我们学到了什么 ················ 35

八、课堂真的可以这样运作吗？ ······························ 36

第三章 学会关心和关心学习 ·· 37

一、教学—评估—反思循环 ······································ 38

二、好的课程，好的行为 ·· 39

三、如果好的课程还不够 ·· 39

四、在教学过程中评估 ·· 40

五、错误带来真理 ·· 41

六、错误答案的生产力 ·· 42

七、结构化反思 ·· 42

八、成为会学习的人 ·· 45

九、反思的步骤 ·· 49

十、永远的学习者 ·· 50

第二部分 幼儿科学学习概述

第四章 科学是有规律的质疑 ·· 57

一、奇妙的想法始于质疑 ·· 58

二、在课程中质疑 ·· 59

三、分类：不应该做什么 ·· 60

四、分类：另一种尝试 ·· 61

五、分类：创造性的视角 ·· 62

六、课堂结构 ·· 63

　　七、从程序到概念 ·· 65

　　八、巧妙的引导 ·· 66

　　九、教师是鼓动者 ·· 69

第五章　在家庭、社区和自然中学习科学 ································ 71

　　一、无处不在的实验室 ·· 72

　　二、童年期的物理学：一项运货挑战 ···························· 72

　　三、在自然中学习 ·· 79

　　四、有意识地参与 ·· 82

　　五、一堂课就像一段旅程 ·· 83

第六章　学习的科学 ·· 85

　　一、儿童逐渐生成的能力 ·· 85

　　二、与原有想法有关的新问题 ···································· 86

　　三、学习的两个方面 ·· 87

　　四、心智结构 ··· 88

　　五、反省抽象与心智理论 ·· 92

　　六、学习的迁移 ·· 93

　　七、神经科学研究 ·· 98

　　八、课堂研究 ··· 99

第七章　人人享有自由和科学 ··· 101

　　一、自由的空间 ·· 102

　　二、丰富的差异 ·· 103

三、英语能力有限的儿童 ··· 104

　　四、有特殊需要的儿童 ·· 106

　　五、协作环境 ·· 109

　　六、学习内容 ·· 110

第八章　协商科学课程 ··· 113

　　一、有意义的课程 ·· 114

　　二、设计更好的科学课程 ··· 114

　　三、与儿童一起思考，而不是替儿童思考 ···························· 119

　　四、生活在寒冷中的动物：一个单元示例 ···························· 126

　　五、理解内容和认知 ··· 128

第三部分　从统一的科学概念到课程

第九章　统一的科学概念 ·· 133

　　一、科学教学的新视角 ·· 134

　　二、寻找模式 ·· 135

　　三、主题、概念和核心观点 ·· 136

　　四、既简单又复杂 ·· 138

　　五、向伟大的科学家们学习 ·· 139

　　六、共同的科学思维 ··· 142

第十章　统一概念：物质环境 ·· 143

　　一、将形态和功能相关联 ··· 143

二、观察整个系统及其顺序和组织 144
　　三、考量平衡和演化 145
　　四、制作模型、收集证据并提供解释 146
　　五、测量哪些发生了变化和哪些保持不变 147
　　六、使用统一概念计划课程 148
　　七、水的研究：一个物理单元 149

第十一章　统一概念：生活环境 157

　　一、将形态和功能相关联 158
　　二、观察整个系统及其顺序和组织 158
　　三、考量平衡和演化 160
　　四、制作模型、收集证据并提供解释 161
　　五、测量哪些发生了变化和哪些保持不变 163
　　六、植物生长：一个生物单元 163

第四部分　从课程到科学的奇迹

第十二章　购物车中的科学：化学单元 171

　　一、制作清洁剂 172
　　二、不用蜡笔着色 176
　　三、摇一摇 179
　　四、粘在一起 184
　　五、用饼干覆盖 187

第十三章 水、土壤、沙子和盐：地球科学单元 ⋯⋯⋯⋯⋯⋯⋯⋯⋯ 191

  一、在水的边缘 ⋯⋯⋯⋯⋯⋯⋯⋯⋯⋯⋯⋯⋯⋯⋯⋯⋯⋯⋯ 192

  二、非常干净的水 ⋯⋯⋯⋯⋯⋯⋯⋯⋯⋯⋯⋯⋯⋯⋯⋯⋯⋯ 195

  三、泡在水中的水果 ⋯⋯⋯⋯⋯⋯⋯⋯⋯⋯⋯⋯⋯⋯⋯⋯⋯ 198

  四、水车在工作 ⋯⋯⋯⋯⋯⋯⋯⋯⋯⋯⋯⋯⋯⋯⋯⋯⋯⋯⋯ 201

  五、来自海滨和商店的沙子 ⋯⋯⋯⋯⋯⋯⋯⋯⋯⋯⋯⋯⋯⋯ 205

第十四章 整合在一起 ⋯⋯⋯⋯⋯⋯⋯⋯⋯⋯⋯⋯⋯⋯⋯⋯⋯⋯⋯ 211

  一、把教室作为实验室 ⋯⋯⋯⋯⋯⋯⋯⋯⋯⋯⋯⋯⋯⋯⋯⋯ 211

  二、学习科学过程中的"动词" ⋯⋯⋯⋯⋯⋯⋯⋯⋯⋯⋯⋯ 216

  三、课程计划模型 ⋯⋯⋯⋯⋯⋯⋯⋯⋯⋯⋯⋯⋯⋯⋯⋯⋯⋯ 218

  四、成为专业人士 ⋯⋯⋯⋯⋯⋯⋯⋯⋯⋯⋯⋯⋯⋯⋯⋯⋯⋯ 219

  五、相互矛盾的信息 ⋯⋯⋯⋯⋯⋯⋯⋯⋯⋯⋯⋯⋯⋯⋯⋯⋯ 220

  六、一则简讯 ⋯⋯⋯⋯⋯⋯⋯⋯⋯⋯⋯⋯⋯⋯⋯⋯⋯⋯⋯⋯ 221

参考文献 ⋯⋯⋯⋯⋯⋯⋯⋯⋯⋯⋯⋯⋯⋯⋯⋯⋯⋯⋯⋯⋯⋯⋯⋯⋯ 223

第一部分

幼儿期的科学教育与建构主义

第一章
想法不断发展的小小科学家

我们所教的孩子们在他们的生命早期就已经开始学习科学了，这种学习伴随着他们的自然成长和发展，早在他们踏入学校之前就发生了。

一、不断发展着的想法促使幼儿成长

4岁的亚历克斯已经收集了4年的"科学数据"。当他还是婴儿的时候，他尽可能地利用自己的感官（看、听、说、闻和触摸）来了解自己的世界。他利用自己的感官收集数据，并通过建立行动和反应之间的联系，从数据中获得意义。当他亲自探究他那不断展开的新世界时，这些联系就会成倍增加。也许他会在内心得出结论："如果我轻声呜咽，就会有人喂我。"也许他的数据会指向这样的结论："在被喂饱之前，我必须叫喊很长时间并且很努力地叫。"在另外一种情况下，他可能已经建立了另外一种联系："当好事发生时，我会微笑，然后好事会再次发生！"或许他会发现："当好事发生时，我会微笑，而且只有我在笑。"

小亚历克斯逐渐长大，能够整合自己的多种感官。在蹒跚学步的时候，他会观察自己触摸的东西，讨论自己闻到的气味。他会提出问题，并坚持想要得到答案。当对答案不满意时，他会坚持想要得到更好的答案，即对他来说有意义的答案。

在上学之前的很长一段时间里,亚历克斯对研究因果关系表现出了浓厚的兴趣:如果我把这个汤匙弄掉了会发生什么?如果我拿了那个小朋友的玩具会发生什么?如果她说要我收拾,而我继续搭积木会发生什么?如果我混合时倒了三杯沙子而不是我上次倒的两杯,会发生什么?像所有孩子一样,亚历克斯天生就是科学家,并且一生都将如此,除非有人或某些事件让他丧失了这种能力。

亚历克斯在最初几年的探索中学到的东西与安娜学到的东西不同。亚历克斯的父母把掉落的汤匙还给了他。而安娜的父母叹了口气,告诉她要注意自己在做什么。如果汤匙里装满了冰激凌,掉到地毯上,或者冰激凌洒在衬衫或墙壁上,那么亚历克斯的父母就会清理干净,向他保证犯错可以被接受。相反,安娜的父母只是叹了口气。而且安娜的保姆认为,搭出尽可能高的高塔楼并看着它倒塌是一个有趣的下午活动。而亚历克斯的保姆不想看到任何散落的玩具或听到噪音。有时候,安娜和亚历克斯都对成人的行为感到困惑,有时成人也无法理解安娜或亚历克斯的行为。

让我们认识一下4岁的玛雅。玛雅下载软件,把她的电脑变成了闹钟。她设定了要播放的音频文件,在她喜欢的歌曲中醒来。早餐后,她戴上iPod[1]上的耳塞,将手机放在口袋里,将她的掌上电脑放进她的背包,准备上学。在她很小的时候,玛雅就会在小小的屏幕上照顾虚拟宠物,并拥有一部电话,这部电话会发出呼叫者的声音,上面的钟表会显示时间,当她在说话时指示灯还会不停闪烁。

所有儿童生活中的工具、人际关系、接触者的类型以及设施,共同创造

---

[1] iPod是苹果公司设计和销售的系列便携式多功能数字多媒体播放器。——译者注

了他们独一无二的生活环境。这些环境，无论是充满机会还是缺乏机会，都在生理上改变着他们的大脑。

二、不断发展着的想法让幼儿变得更聪明

我们一直想知道大脑功能与儿童的行为和想法之间的具体联系。我们一直在论证儿童的行为，把他们的作品（他们讲的故事、画的图画、他们分享的想法以及他们对测试问题的回应）作为他们所思所想的证据，以非正式或正式的方式一窥他们的内心世界。

与其他科学研究相比，尽管神经科学仍处于起步阶段，但该领域在过去的 20 年中已经产生，并且以前所未有的速度不断产生关于大脑以及大脑与行为之间双向联系的新信息。大脑会影响行为，而行为也会影响大脑。作为对经验的反应，大脑会产生变化。我们把大脑的可塑性，或者重新组织自己神经通路的能力，称为神经的可塑性。神经可塑性指的是作为大脑解剖和生理特征而存在的经验的印记（Nelson & Luciana，2001；Shreeve，2005；Tortora & Grabowski，1996）。

简单地概括大脑的活动，我们可以说大脑会制造细胞、生长出发送和接收信息所必需的细胞结构，在经验的影响下增强或修剪这些结构，并使得这些结构相互绝缘以便能够有效并快速地传递信息。爆炸式的神经连接节点，也被神经科学家称为"丰富的"联结，表明幼儿的大脑随时准备处理所有类型的经验。在整个生命的早期，经过反复练习的神经通路会变得越来越强大，并发展出更多的联结；而那些没有使用到的神经通路则会逐渐凋零。这种增加和修剪共同提高了神经连接的效率，同时简化了大脑的整体组织（Huttenlocher，2002）。

尽管如此，作为人类的一个器官，大脑在过去的 40000 年中并没有显著的进化，但西格尔（Siegel，2010）认为，今天的大脑与 40000 年前的大脑相比，有着更为错综复杂的神经结构网络——我们的心智用大脑创造了它自身（Siegel，2010，p. 261）。

大多数关于经验如何影响大脑发育的研究都涉及有害事件，例如忽视、压力或功能受损。目前，探索丰富的环境和大脑发育之间关系的研究已经在动物身上进行。然而正如肖恩科夫和菲利普斯（Shonkoff & Phillips，2000）所言："从这些动物研究转向对人类认知、语言和社会情感发展的神经学方面的研究是一个巨大的飞跃，但这个转向需要投入大量的时间和资源。"（p. 198）

为幼儿提供某一特定形式的、丰富的物质环境是否可以跟某个特定类型的大脑发育联系起来，研究者们对此都持谨慎态度，即便如此，在过去数十年中，我们还是可以看到基于研究推论和以大脑发育为营销基础的教育项目已经兴起（Krakovsky，2005）。即使我们从谨慎的角度出发，也仍然有合理的方法可用来设计与神经科学研究和行为发展研究相一致的早期教育项目。早期教育研究所（The Institute for Early Childhood Education）从神经科学领域提出了两个启示，并得到了行为科学研究的支持：

> 随着大脑的成熟，能够刺激发展的经验也会发生变化；……对于发展中的大脑而言，与能适宜回应的社会伙伴的互动是最能刺激发展的体验之一。（Thompson，2008，p. 6）

大脑的解剖学变化会产生巨大的影响，因为它们会影响未来的学习。反之，早期经历对学习和儿童的整体福祉与发展也会产生显著的影响（Gopnic, Meltzoff, & Kuhl，1999）。

图 1-1 向幼儿教育者明确而严肃地做了申明。图中的深灰色线表示：在学龄前阶段，与高级认知功能相关的神经活动正处于高峰。科学研究倾向于将精密的心智活动定义为高级认知功能。因此，虽然科学教育确实可以贯穿于人的一生，但接受科学教育是每个孩子的权利，开展科学教育活动是每个教育者的责任。

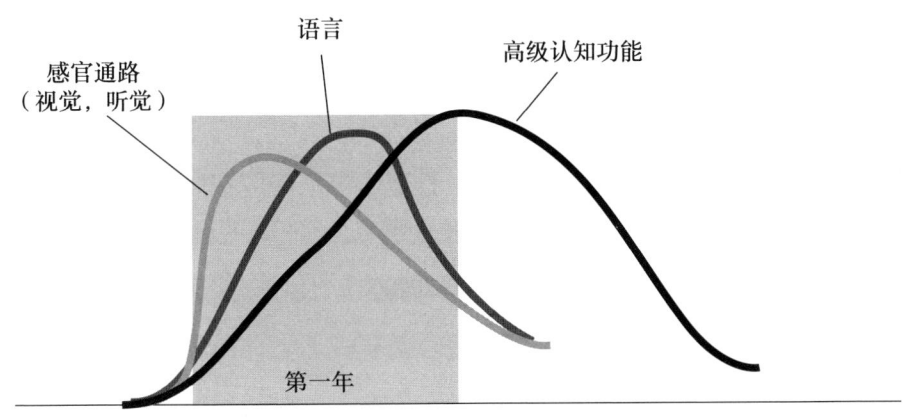

图 1-1　在不同年龄段大脑不同功能的发育

（来源：Shonkoff et al., & Phillips, 2000）

由于大脑的神经元会随着经验而改变，因此除了教育者和父母之外，神经科学家们也支持应为幼儿提供丰富的、益智的学习环境。尹和昂克法里（Yoon & Onchwari, 2006）指出："（研究）强调制订有效的幼儿教育计划，因为丰富的经验会生成丰富的大脑"（p. 416）。这些观点将在第六章"学习的科学"中再次论述。

新的数据表明，大脑发育与建构主义课堂中采用的教育类型之间存在联系（Michaels, Shouse, & Schweingruber, 2007）。

三、建构主义课堂

正如芬舍姆（Fensham）所说，"自1980年以来，心理学方面对科学领域的课程观的影响最为显著的正是建构主义学习观"（Fensham，1992，p. 801）。这一观点认为，各个年龄段的学习者都可以从自身关注的事件中推断出含义，并通过组织这些推断来建构知识。建构主义课堂为学习者提供了各种机会，让他们基于各种物体、人、事物和想法，在不同的情境中构建意义。本书正是使用了建构主义的视角，来描述儿童的学习和教师的实践。

建构主义的教学原则来源于建构主义学习理论。这些原则解释了教师在教学过程中，如何在保持学生内在学习力的同时行使作为课堂主导者的权力。

让我们回到亚历克斯、安娜和玛雅，认识一下他们的幼儿园教师康诺利（Connolly）老师。康诺利老师想给学生这样一个课堂，这个课堂能够支持孩子们从家里就已经开始了的科学学习。这是本书所依据的四个原则，也是康诺利老师教学实践的基础（Brooks & Brooks，1999；Brooks，2002）：

- 围绕大概念来组织课程；
- 针对新出现的联系提出问题；
- 重视学生的观点；
- 在教学过程中将教学与评估联系起来。

指导康诺利老师专业决策的一个重要原则是重视学生的观点。她认为安娜、亚历克斯和玛雅是复杂的、批判性的及创造性的思考者。她知道，无论他们多么年幼，他们已经开始研究他们所生活的这个变化多端的世界，并且已经形成了许多关于他们的世界如何运作的想法。康诺利老师通过自我追问来理解每个孩子目前所形成的想法。

还是婴儿的时候，亚历克斯、安娜和玛雅从扔汤匙中学到了什么？在蹒跚学步时，他们在玩其他小朋友的玩具的过程中，又建构出了什么意义？在幼儿园，孩子们在不理会整理玩具的要求时，他们又发现了什么？现在，在学前班，他们会从犯错中推断出什么？当一年级或二年级的学生提出一个又一个的实验时，玛雅、亚历克斯和安娜又可以学到与启蒙和好奇有关的哪些内容？

康诺利老师尊重每个孩子的观点，并试图理解每个孩子从经验中寻找意义的方式。她时刻准备着与孩子们一起踏上他们科学旅程的下一步。他们一起探索新主题，拓展早已开始的想法，并修正当下的理解。第二章通过具体的科学课例介绍了康诺利老师的课堂。

四、专业知识标准

全美幼教协会（NAEYC）提出了一套描述教师专业知识基础的标准。本书的每个章节都贯穿着全美幼教协会的所有标准，但会在每一章里着重强调某个特定标准。在本章中，我们重点介绍促进儿童发展与学习的标准（NAEYC，2009）。

促进儿童发展与学习

成人利用对幼儿特征和需求的理解，以及对幼儿发展和学习的多种相互作用的影响，为所有幼儿创造一个健康、彼此尊重、具有支持性和挑战性的环境。

教师需要一系列的专业行动，为所有幼儿创造一个健康、彼此尊重、具有支持性和挑战性的环境。完整性和多样性是必需的，因为在一天中的任何时候，教师都会针对学习情境使用具有情境适宜性的策略。教师需要有诊断的能力，才能提供与幼儿当前的思维相匹配的课程。例如，有时候教师可以通过帮助幼儿朝着某个特定方向拓展思考，以此来促进他们的学习。有时候，教师可以通过帮助幼儿观察某个细节来进行集中思考，以此促进他们的学习。在有些情况下，教师还可以通过引导幼儿调整视角或关注新的领域，以此促进他们的学习。

本书后续各章中的例子解释了一系列课程和教学策略，这些策略旨在满足幼儿当下的水平提升需求，并尽可能地支持他们走得更远。

五、指向年轻公民的技术

在当今世界中，与学生接触和为学生提供支持都需要基于对技术的认知。技术无处不在。在各个家庭中，无论每个幼儿拥有多少电子产品或何种类型的电子产品，教师都需要了解电子世界如何影响我们所有人，以及何时、如何利用电子世界来为幼儿的成长和发展服务。

技术世界正在极大地改变科学，从我们如何收集和存储数据到我们如何分析和发布数据都是如此（Trefil，2008）。技术正在极大地提高公民了解科学的需求度，以便他们参与关于使用技术（Sagan，1995）和能源所产生的关键问题的辩论。我们有洗衣机，它告诉我们它如何清洗衣服；我们有烤箱，当它判断饭菜熟了就会自动关停；我们还有真空吸尘器，当它判断地毯足够干净时就会亮灯。所有这些设备都能节省时间，让我们感到更安全，让我们感到愉快，让我们保持清洁或能吃饱。但并不是所有人都如此。这些便利设施取决于经济和文化，反映出了许多不平等的社会现象，这些不平等的社会现象会在人的脑海中留下印记。

在今天的学校里，无论是对来自中产家庭的孩子，还是对来自低收入家庭的孩子而言，技术都无处不在。可在学校里来回推动或直接安装在教室里的装有轮子的电子白板（教师和儿童可以通过它们访问互联网，调用之前存储的动画、照片或文本，或者使用似乎不计其数的图形、图表、示意图或地图），照亮了自助餐厅的 LED[1]（发光二极管）显示屏，在学校图书馆和教室里都可以找到的等离子电视，以及带有开关的许许多多的其他设备，分布在学校的各个角落。

从学习的角度来看，这些电子技术的弊端是这些设备就像"黑匣子"。"黑匣子"是一个科学术语，指隐藏了内部工作原理的任何物体。在当今的无线世界中，甚至"对象"本身也被隐藏了起来。我们可以即时向世界另一端的朋友发送消息。但又有多少人可以解释那个黑匣子？康诺利老师如何帮助她的学生了解按钮、轨迹球和触摸板背后发生的事情？孩子当前的机能与他们对电子世界（这个已成为我们日常生活重要部分的世界）的最终理解之间有什么关联？

六、简单的重要性

康诺利老师使用的一种策略是，有目的地找出更为简单的物体和物质，这些物体和物质在当今世界普遍使用的便利设施出现之前就已经存在。她是在说教育不再需要前沿性了吗？不。她的意思是，为幼儿提供"重新发明轮

---

[1] 其英文全称为"Light Emitting Diode"，是一种半导体组件。初时多用作指示灯、显示发光二极管等；随着白光 LED 的出现，也被用作照明。——译者注

子"的机会很重要。帮助幼儿了解那些导致结果的过程将有助于我们向前迈进，这些结果是孩子们日常生活的一部分，但通常由于视角或经验的原因被视而不见。

为了帮助幼儿理解，询问有关世界的简单问题是必要的。许多孩子喜欢在他们的意大利面上撒一点帕尔玛干酪。可是，奶酪是如何被磨碎的？扁豆汤听起来很好吃。但是使硬豆变软需要多长时间？你是如何把面粉和水混合在一起的，混合后会得到什么？用罐子摇奶油会怎样？或者需要用几杯水来混色？抑或用冷水还是热水来混色？这样的清单还可以不断继续。幼儿需要在各个领域中获得大量机会来理解我们这个世界中常见的食物和商品的产生机制。其中，重要的学习问题是：物体和物质是如何相互作用的？

在康诺利老师的课堂上，孩子们可以通过参与制作自己的意大利面、将其烘干以及包装等多个步骤，来学习硬纸盒里的干意大利面是怎么制作的。他们可以学习如何使水果脱水以及如何通过浸泡使水果恢复原来的样子。他们会参与许多调查，以帮助他们窥探他们很少目睹过的发生过程。不过，与制作意大利面不同，康诺利老师班里的孩子们不太可能调查他们使用的许多电子设备是如何工作的。但是他们可以开始另一段智慧之旅，即了解先于电子产品出现的机械结构。图像复制技术就是一个例子。

在当今世界，复写纸几乎算是一种古董了！但是在使用它的过程中，书写者可以看到在手的压力作用下，复写纸是如何把书写的文字复制到复写纸下的纸张上的。安娜、亚历克斯和玛雅可以看到每个动作及其产生的结果，而不只是在复印机上按下按钮。虽然压敏纸比复写纸更难使幼儿理解，但幼儿仍可以在打开时看到动作带来的结果。这些都是老的技术，但它们能为玛雅、安娜和亚历克斯提供电子复印机无法提供的学习景象。

幼儿需要真实的探索机会，在这样的机会中幼儿可以构建基本知识。就像成人一样，幼儿经常通过工具来寻找所需的信息，无论是铅笔这样的简单工具，还是电脑这样的复杂工具。

我们都在一个新的环境下生活、工作和娱乐，这个环境在很大程度上由电子的、无线的、即时通信的万维网构成，这个环境时刻发生着变化，即便是您在阅读本书时也是如此。因此，学习环境也被这个快速更新的复杂技术系统以及参与设计和使用这个系统的人不断地塑造着，然后这个技术系统又不断地被再设计和再使用。技术一直在科学中扮演着重要的角色，而科学也始终在技术领域里发挥着重要作用。它们都可以是学习环境的重要组成部分，但教师需要仔细分析它们的使用情况（Linn，Davis，& Bell，2004）。

在这个技术迅速发展的新时代，教师要牢记简单的技术对幼儿的重要性。这些简单的技术可以为幼儿提供心智基础，用于在现象和形成更大、更广泛、更具包容性的思想之间建立联系，这样的思想我们称其为统一概念。在第九章中我会深入解读统一概念。

通过引导幼儿思考自己的世界是如何运转的，并鼓励幼儿设计更好的运作方式，基础教育便可为幼儿开启探索之旅。

七、为不断发展着的想法提供空间

18 世纪的教育家弗里德里希·福禄贝尔（Friedrich Froebel）被认为是幼儿园运动的创始人。他最初将幼儿教室设想为一个培养新想法、自发探究以及跨学科研究的学习空间（Lilley，2010）。从 19 世纪开始，幼儿获得的信息资源大大增加。然而，幼儿的发展模式却并未发生重大变化。

我们生活在一个重大的转折时期。技术世界正在改变着我们的互动方式和互动速度，而神经生物学的世界正在改变我们对互动的理解方式。在所有这些新的机遇和挑战之中，我们可以而且必须为科学学习创造空间，这样的空间可以让思想萌芽并茁壮成长，可以让儿童发现科学之美。但是，为了使教师能够创造出学习世界之美的空间，教师需要先认为我们的世界是美丽的。著名物理学家理查德·费曼（Richard Feynman）打开《美国国家科学教育标准》（National Research Council，1996）文件并写下了以下文字：

> 学习科学之后，世界看起来如此不同。例如，树木生长所需的一些物质来自空气。当树木燃烧时，这些物质就又回到了空气中。燃烧所释放的热量来自太阳燃烧的热量，太阳的热量将空气转化为树木生长所需物质并将热量保存于树木中。在灰烬中，还有一部分残留物不是来自空气，而是来自大地。这些都是美丽的东西。（p.1）

《美国国家科学教育标准》呼吁科学教育迈向新的方向，在新的方向中，教师应让幼儿参与调查，以增强其在内容学习和运算加工技能方面的新能力，这种能力能够增加孩子们看到费曼先生所看到的美丽世界的可能性。

八、《美国国家科学教育标准》

理解科学领域的大概念是幼儿教师必要的专业知识的重要组成部分。因此，除了全美幼教协会专业标准中对教师如何促进幼儿思维与发展的指导意见之外，本书还介绍了《美国国家科学教育标准》。通过这两种标准，教育工作者可以为儿童创设幼儿园、学前班和小学，这些地方都是有目的地为发展科学思维而设计的。

美国国家研究委员会是《美国国家科学教育标准》的主要编写机构，其在教学实践研究中发现，幼儿科学教育项目中教师通常会提供20分钟的课程，在上课过程中孩子们会参与一些活动，诸如给花的某个部位命名，或者辨认动物和动物的宝宝。在这个过程中幼儿很少进行调查研究，但是一旦有调查研究，教师就需花大量的时间来管理资料和幼儿的活动。很少有教师要求幼儿解释他们的想法或针对结论给出理由。教师很少允许或鼓励幼儿调查感兴趣的问题或设计自己的实验。课程通常偏重于遵循既定方向和记忆命名，而不是研究有趣的问题。

让学习者通过规定的、简短的活动来回答教师预设的问题，这样的课堂带来了两个令人失望的结果：一方面，几乎没有证据表明学习者将他们在科学课上学到的知识运用于新领域；另一方面，极少有人成为科学领域的终身学习者（Linn et al., 2004）。因此，科学教育标准中有很大一部分内容针对的是"改变教学策略的重点"（参见图1-2）。

从		到
验证科学概念	⇒	调查科学问题
短期调查研究	⇒	长期调查研究
获得答案	⇒	用证据解释
作为发现的科学	⇒	作为论证的科学
回答问题	⇒	交流解释

图1-2　改变教学策略的重点

为了提高儿童的科学学习水平，《美国国家科学教育标准》重新强调：将儿童的科学调查与他表达和交流其思想的能力相结合；与他人一起富有成效地制订计划并进行论证；简而言之，就是将课堂作为一个含有社会、情感、数学、文学和科学成分的研究实验室。《美国国家科学教育标准》对科学教育方案的建议是，将儿童天生的好奇心和调查研究作为核心。

通过由幼儿设计控制的过程来学习一些基本的科学概念，是科学学习的内容侧重点发生改变的标志，这样的学习过程远比"占有"大量概念有意义得多——因为少就是多。但是，《美国国家科学教育标准》并不建议教师少教幼儿。相反，当教师"发布"较少信息但创造更多的机会与幼儿共同构建知识时，幼儿反而学得更多。

尽管"信息"和"知识"在日常对话中可以相互替换使用，并且在某些情况下被视为同义词，但两者在教育领域中的含义却大不相同，因此，教师必须区分这两者的差异。关于信息，教师首先需要知道的是：信息不是知识。信息由我们收集的事实组成，而知识是我们将大量事实汇总在一起所形成的意义。

《美国国家科学教育标准》强调了意义建构过程和学习过程中挑战性环境的重要性。挑战越是真实，幼儿应对挑战、参与必要的知识建构的意愿也会随之增加。在鼓励调查研究的学习环境中，幼儿实际上是在寻找有助于他们解决所面临的挑战的信息。一位能够像这样引导幼儿思考和开展活动的教师才是每个幼儿都需要的教师。

九、一则简讯

幼儿科学教学为未来所有学科领域的学习铺平了道路。这就解释了为什么对幼儿园和学前班的教师、父母等照料者来说，搭建一个足够强大的平台来支持幼儿每日每夜和每年不断成长的想法很重要。对幼儿而言，学习科学是一项令人激动、重要且有必要的长期事业。

所有成人，无论有意或无意，都是幼儿的科学教师。本书将所有与幼儿互动的成人都称为"教师",将所有询问都称为"课程",并将所有学习可能发生的地方都称为"课堂"。

本书用一则简讯开头:与你生命中的年轻人一起探索新的一天带来的奇妙惊喜,你将成为一名科学学习者,同时成为一位科学教师!

第二章
建构主义学习观

建构主义在心理学、认识论和哲学领域有着悠久而丰富的历史。如图 2-1 所示,建构主义是一种学习理论,它包括心智研究、认知研究和"实然"研究中一些相关的重要议题的讨论。

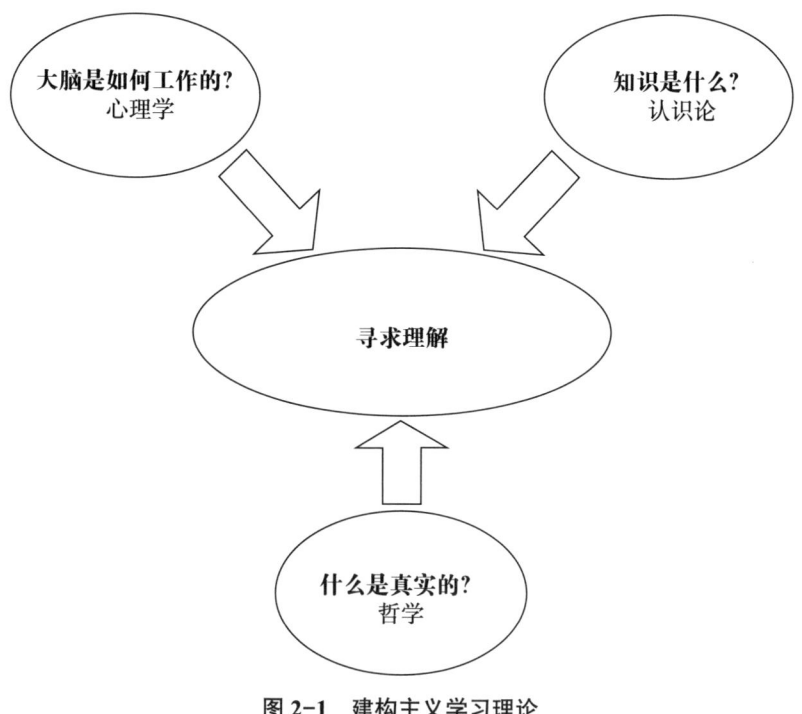

图 2-1　建构主义学习理论

建构主义基于这样的观念，即学习者通过心理建构来产生意义，并通过概念重构来达成对理解的不断追求。该理论经常与著名心理学家让·皮亚杰（Jean Piaget）联系在一起，皮亚杰为我们理解幼儿的发展做出了巨大贡献。然而，历史学家们却认为是18世纪的哲学家詹巴蒂斯塔·维柯（Giambattista Vico）首次使用了"建构主义"（constructivism）一词来描述这一观念，即人们只能知道由经验塑造的自身认知结构所允许他们知道的东西（Von Glaserfeld，1995）。

在皮亚杰的早期职业生涯中，他曾为著名的心理测量学家阿尔弗雷德·比奈（Alfred Binet）工作，负责测试的计分和分析。在做这些工作的过程中，皮亚杰发现在一些多项选择题上总是做错的幼儿所占的比例很高。但是他也发现了一个有趣的现象：在某些问题上，将近80%的幼儿选择了相同的"错误"答案。这让他感到困惑。他推断，如果学生不知道问题的"正确"答案而只是猜测，那么理想状态下四个答案选项之间应该会有非常接近的分布（即每个选项约占25%的比例）。他因而得出结论，孩子们并不是真的在猜答案。对某个年龄段的幼儿而言，所谓的"错误"答案实际上是他们认为的"正确"答案。这促使皮亚杰对儿童发展产生了兴趣，并毕生对其进行研究。

建构主义理论在教育领域的历史相对较短，且颇具争议。以下引文表明，科学的本质似乎是围绕什么是"真理"的相关问题的争议的核心。

> 建构主义理论中关于"建构意义"的表述与现实主义理论中关于"发现"的表述之间存在着一个明显的区别。前者没有紧扣认识论或参照性，而后者兼有。即便不是真理，事物也可以有完美的意义；而赋予更多意义并不意味着真相的增加。（Matthews，1998，p. 5）

本书提出的术语"建构意义"和"发现",比马修斯(Matthews,1998)在上述引文中所指出的有着更大的相关性。孩子们对周围发生的事情进行着"意义建构",通过这一过程来了解他们所处的世界如何运作。教授幼儿科学,意味着教师作为当今传统上公认的科学内容的代言人,应具有相当程度的理性与怀疑的态度,从而让每个人都能对新观点持开放态度。

正如马修斯所言,虽然事物不是真理也会有意义,但也可以这样说,除非真理对幼儿有意义,否则幼儿便无法使用该真理。除非幼儿将多条信息拼凑成整体从而为某个观点建构出意义,否则,无论成人是否认为某个观点是真理,该观点对于幼儿而言都可能不是真理。无法运用的真理根本没有价值。

接受幼儿的"意义建构"与已知的错误假设相关,从而让教学机会白白溜走,这是不负责任的。例如,让我们看一看康诺利老师班里的一堂课,其中一组幼儿看到了一幅卡通画,画上的三个人物正在决定是否给雪人穿上外套,以"让他保持寒冷",进而阻止他融化(参见图 2-2)。

图 2-2 雪人问题

(来源:Naylor, S., & Keogh, B., 2000)

孩子们用他们所知道的自己冬天穿外套来保暖的相关知识，来解决雪人的问题。这些孩子得出的结论是，穿外套有助于让雪人保持低温。

康诺利老师利用这一契机拿出一些不同的面料、若干温度计和一些冰块，要求孩子们观察"冰人"会发生什么变化。她收集了类似于动画片中所建议的材料，并提出了自己的疑问：如果给"冰人"披上外套，它会发生什么变化。穿或不穿外套，雪人会发生的变化其实取决于许多因素，无法用"它将融化得更快"或"它将融化得更慢"等简单的答案来回答。但是，通过将这个问题转变成一个可以通过实物操作来解决的问题，康诺利老师其实就已经为基于证据的"意义建构"奠定了基础。这才是真正的科学。这才是通过"做"科学来学习科学。

以下四项原则可用于指导教师与儿童一起工作，它们也构成了本书所讨论的课程和教学法的基础。

一、建构大概念

在准备一堂课时，教师要考虑的第一条教学原则是：围绕大概念来组织课程。大概念是建立在其他概念之上的基本概念。儿童需要针对数据、情境、现象或事件进行调查研究，通过这样的方式来帮助他们发现规律，进而建构出多个领域和多种情况下的大概念。发现规律会促使儿童形成并理解大概念。

什么是大概念？这里有一个用简单语言表达的例子："力是看不见的，但当它出现时我们可以看到发生了什么。"用儿童易于理解的语言来说，我们会把力称为"推"和"拉"。想想以下这节课，该课意图引导幼儿调查研究有关力的大概念。

（一）正确的材料

要让孩子们对力（或"推""拉"）进行调查研究，康诺利老师可以使用的材料其实有很多。但是，无意中听到几个孩子在谈论他们有多么喜欢泡泡之后，她决定利用他们当下对泡泡的兴趣，选择该材料来学习"力"。她提出了这样一个挑战："尝试使泡泡尽可能长时间地飘浮在空气中，越久越好。"

孩子们凭直觉开始在泡泡下吹气或挥手。这样做有时似乎有用，但大多数时候却是无效的。一个偶然的机会，卡梅伦让凯利的泡泡晃到了他身边，泡泡不知怎么地悬浮了起来。卡梅伦的手在气泡上方，他非常兴奋地继续挥动，泡泡持续了更长的时间，但仍然飘浮在原地。到现在为止，许多孩子都为之兴奋并成功地尝试了这项新技术。

（二）正确的问题

很快，关于"为什么"的问题就出现了。因为当你试图让泡泡飘浮在空中时，你的手却需要在泡泡上方挥舞，这其实是有违直觉的。在这一点上，康诺利老师极大地影响了孩子们的学习过程。根据她对学生参与过程的观察和所听到的学生对挥手结果的陈述，她认为自己最初使用泡泡来研究推拉的想法正朝着合理的方向发展。于是，她提出了诸如"你有没有注意到，泡泡离你的手有多近？"等问题。于是，孩子们得出了以下观察结果：

"泡泡离我的手很近。"

"如果我们在泡泡上方挥手，泡泡就会上升。"

"如果我们在泡泡下方挥手，它就会下降。"

"这样挥手有一些特别。"

康诺利老师问道："挥动我们的手是否总是能将泡泡拉向我们的手？"

没有人回答这个问题，但杰米建议大家一起在同一个泡泡上方挥手，全班都喜欢这个主意。在这样做时，约瑟夫评论说他们"就像一台风扇"。玛丽家里有一台手持风扇（这是她收到的一个礼物），她想把它拿来试一试。玛丽的想法提醒了约瑟夫，他的家里也有一台风扇（一台"可以插上电源"的电扇）——他也想把它带到学校。泰瑞知道门卫的房间里有一台电扇，她问是否可以去借用一下。杰米提议把她妈妈的吹风机带来，她说它"比风扇还强"。孩子们在认知层面互相激发彼此的想法，而康诺利老师则鼓励这种讨论和头脑风暴。

（三）正确的科学原理

康诺利老师知道，用于解释"为什么在泡泡上方挥手就能保持泡泡在空中飘浮"的科学原理本身是一个非常复杂的概念，它对于几乎所有学前儿童而言都太难以理解了。事实上，这个原理对几乎所有人、任何年龄层次的人来说，都是有违直觉的。

当你通过挥手加快空气流动的速度时（你可能从未想过，也可能从未意识到），你实际上已经营造出了一个气压较低的区域。空气从高压区域向低压区域流动，不断维持平衡。当空气从气压较高的区域流动到气压较低的区域时，它会带起泡泡，在这种情况下泡泡就会上升。大多数人对这一现象都会感到相当惊讶。

进一步思考这个现象，你可能就会回忆起当你在红灯前停下来等待转弯时，呼啸而过的车流给你的车带来的拉力。或者你可能还会记起，当你打开淋浴喷头，水流快速喷涌而出的刹那，浴帘向内拂过你身体的感觉。再想想其他的例子。天空中那些美丽的鸟儿呢？它们在天空中的动作，是否与孩子们在泡泡附近挥手有关联？对，的确有相关之处。

那么康诺利老师现在在做什么？这堂课应该朝哪个方向推进，才能让孩子们参与到一项对他们目前的思维发展有益的研究中去？

康诺利老师知道，这个为未来的思维和调查研究奠定基础的复杂原理，有着一个在发展方面具有适宜性、在科学方面具有准确性的解释版本。这个版本还能保持幼儿的好奇心。她知道可以使用各种不同的常见物体来研究这一现象，而且，幼儿在她的课堂和学校学习的过程中，确实有许多机会在不同的环境中研究这一现象。

例如，把一个乒乓球放在向上吹的吹风机上，然后放开它，就能让它悬浮起来——这对大多数人来说又是一个惊喜！乒乓球下方快速流动的空气会形成一个低压区。球上方移动速度较慢的空气会四处流动以平衡压力，从而导致乒乓球在原地旋转，很明显，并没有任何东西在支撑着乒乓球或阻止它弹出——除了空气压力！

虽然气压概念超出了幼儿在这一阶段的理解能力，但并未超出幼儿看见气压证据的能力。还有一个这样的例子：你手中拿着两张纸，然后在两张纸之间用力吹气，就会让两张纸相互靠近。同样，这样的结果对大多数人来说也是相当吃惊的！原因一样：由于吹气，快速流动的空气在纸片之间形成了一个低压区域。

用绳子悬挂起两个气球，向两个气球之间的空间用力吹气也会发生同样的现象：气球向彼此移动。同样，这也是违反直觉的，但却是事实。物体不同，但结果却相同：气球向着快速流动的空气移动。这只是众多例子中的两个。

即便没有进行任何深入的调查研究，康诺利老师和她班上的孩子们已经在这节课的情境下提出了一个非常重要的概念：推和拉是看不见的，但我们可以看到当这两种力量存在时会发生什么。一个重要的社会/情感概念是："我知道发生了什么，我知道它与推和拉有关，但我仍然不知道它为什么会发生。"这是两个重要的概念,当另一种学习情境出现时,它们可以被随时修改和调整,也可以被迁移。

与此同时,"推和拉不可见,但我们可以看到发生了什么"这一学习内容其实是一个大的物理学概念,许多物理学研究的内容都来源于此。需要强调的是,教师必须避免"泄露答案"。给出词汇以此作为问题的"答案",这并不是好的科学教学。为孩子们设置有待解决的问题才是。

让我们继续来看康诺利老师的课,但现在从另一个角度来看——教师如何在不断的探索过程中提出自然萌发的问题,这种问题我们称之为生成的相关问题。

二、生成的相关问题

在确定了下阶段课程的某个大概念或若干个大概念后,教师需要牢记的第二个教学原则是:确定与儿童相关的问题。一些信息和一个好的问题可以让幼儿感到好奇,同时又觉得茫然。这些课程组成部分,能够让孩子们为新见解而感到惊喜。下面将展示这样的一个案例。

(一)说、看、控制和解释

康诺利老师课上的挑战是:我们怎样才能让泡泡尽可能长时间地飘浮在空气中?这个挑战旨在鼓励孩子们寻找内在规律,并与他们之前知道的关于泡泡的知识建立联系。康诺利老师问道:"你注意到泡泡离你的手有多近了吗?"随后根据她观察到的孩子们做的事情,以及她所听到的他们的对话,她还可以追问:"你挥手速度的快慢是否重要?如果两个人一起挥手,会发生什么?"这只是她可以提出的许多问题中的两个。

在这个课堂上,"好问题"真的不是一个简单的提问。相反,这是一个挑战："试着让这些泡泡在空气中飘浮的时间变得尽可能地长。"随着研究的继续，康诺利老师将挑战改为以下内容："尽量让这些泡泡悬浮在空中。"要注意"悬浮"这个词的使用。康诺利老师在反复使用"让泡泡飘浮在空中"的说法后，使用了"悬浮"一词来复述这项挑战。

教师对专业词汇的自然使用，是提出新的相关问题的另一个方面。词汇也会随着儿童的肢体动作和语言经验而出现。孩子们会说"悬浮"、看到悬浮、控制悬浮以及解释悬浮。

康诺利老师课堂上的上述情景说明相关问题已经快速出现了。然而，对幼儿来说，一些课程的材料和问题最初并不像"泡泡"这堂课那样重要，但我们仍然能够在这些课程中看到相关问题的出现。

（二）为问题做准备

有一天，康诺利老师的班级使用带有不同大小孔洞的筛子和过滤器，来看看采用哪种筛选顺序能够收集到最多数量的、不同大小的石头。可能没有哪个孩子在那天早上一醒来就会想知道，石头和可通过的孔洞尺寸之间有什么关系。但是，在围绕成堆石头进行探索和思考的情境下，这个问题就出现了。相关性不是教师所能控制的。它存在于每个学生的内心。教师的角色是提供足够有趣的信息和一个足够好的问题。在康诺利老师的课堂上，我们看到一位教师正在有意识的通过生成课程来进行教学。她与孩子们协商课程。这样的生成课程源于幼儿之间的互动，并在互动中展开，康诺利老师有意地设计了课程框架，使幼儿能够通过这样的框架安全、积极地与各种概念建立关系。

康诺利老师班里的孩子们所碰到的一系列科学大概念，同样也可供年龄更小或年龄更大的孩子们一起探索。科学大概念总是无处不在，科学"问题"也同样随处可见。作为一个有经验的教师，她总能找到不同年龄、不同性格、不同经验的孩子在智力上的挑战点。这种技能来自不断地用科学概念（大概念）更新自己的知识基础，为孩子们设计有趣的、供他们解决的问题（生成的相关问题），然后，评估孩子们的观点。

三、观点

第三个教学原则是：重视学生的观点。重视学生的想法和观点听起来很简单。但是，真正理解别人的观点有多难？有经验的教师会发现，这似乎并不那么容易。对幼儿而言，理解他人观点的能力在 2—4 岁才刚刚开始发展。成人需要不断观察和自我反省才能发展这一内在能力。

为了让我们对学生们的观点加以重视，请我们一起来做以下练习。请看图 2-3 中的两张图片。它们给你讲了什么故事？

图 2-3 一个"简单"的故事

（来源：Jamie Charteris, © 2000）

不同年龄的人会看到不同的故事。他们会给这两张简单的图画赋予不同的价值体系、不同的体验以及不同的推测。谁是母亲？谁是教师？孩子在学校开心还是不开心？"真的"妈妈长什么样子？人们只要看一眼这些图片，就会对上述这些问题产生非常坚定的看法。

重视学生的观点需要教师进行深入思考，并对自己的判断有所保留。教师需要引导学生参与足够长的时间，这样不同的观点才会产生。如果孩子们没有提出不同的观点，教师可以通过提问来拓展新的思路，如："大家都认为这个人是妈妈吗？""她会不会是教师呢？"

许多教师都想知道，他们怎样才能做到既尊重孩子们的想法，又照章讲授课程。如果教师没有从幼儿的视角来预设课程，那么尊重幼儿的观点就似乎脱离了课程。实际上，幼儿所思考的大部分内容都与课程有关，或者能够与课程相联系。某个幼儿在课堂上的发言，往往会受课堂上某些元素、某种方式的启发。而教师则需将课堂上的这些发言加以组织，进而在课堂上引发重要的讨论。

（一）讨论与对话

课堂讨论与日常对话有何不同？讨论可以在儿童的不同想法之间建立联系（Forman & Fyfe，1998）。讨论指的是：在课堂上的一段专用时间里，当教师唤起学生的反应时，通过讨论这一机制将幼儿的注意力集中在某个特定方面。

想想康诺利老师关于石头的课。康诺利老师首先计划将简和塔蒂亚娜的注意力集中于根据筛网孔径的大小来排列不同的筛子。

简：我发现我需要先用大孔的筛子，然后再用小孔的筛子。

塔蒂亚娜：我家的后院里有一块很大的石头。

康诺利老师：我们听到塔蒂亚娜告诉我们，她家的后院里有一块很大的石头。需要用多大孔径的筛子才能接住那块石头？塔蒂亚娜，请用你的手来比画给我们看看这块石头有多大。

对一些教师来说,塔蒂亚娜的发言跑题了。但是康诺利老师找到了一种方法,将塔蒂亚娜的发言引入课程目标的范围之中,即寻找两组物体(筛子和石头)之间的联系,并有序排列筛子和石头这两组不同的探究材料。

(二)连接课程

让我们回到康诺利老师的泡泡课堂,以帮助我们了解教师如何既重视幼儿的观点,又仍然"紧扣"课程。在一堂利用泡泡来研究力的课上,一个5岁的孩子产生了从门卫那里借风扇的想法,这个想法可能看起来"脱离了课程",是一个跑题的、课程涵盖范围之外的例子。但在这节课上,风扇其实和课程有着很大的关系。实际上,许多人会说它"贯通并超越"了课程。

在上课时间,康诺利老师通过强调泡泡向风扇移动的速度比向孩子们挥舞的手移动的速度更快,从而将风扇与力相联系。她将孩子们的注意力转向统一的科学概念。在孩子们观察到风扇比手更有力量这一事实之后,还有下一步,即风扇的叶片转动速度比手扇动的速度更快。

这里就出现了一组关系:风扇和挥手的工作方式相似。

- 手可以模拟风扇。
- 风扇可以模拟手。
- 它们之间可能还存在更多的关联。

教师不必强调所有的关联。相反,他(她)需要意识到这些关联,然后在适当的机会出现时选择要突出关注的内容。

所有幼儿拥有他们自己的观点以及对自身世界如何运作的想法,他们带着这些观点和想法来参与每一次体验。当成人预设几乎所有学生的想法都一样，然后只围绕一种思维方式来组织课程时，他们往往就会错过大量为学生建立联系的机会。

幼儿可能会用相似的心智结构和认知技能来应对学习情境，但由于文化和家庭背景不同，他们的想法并不都一样，成人了解他们想法的唯一途径就是探寻并重视幼儿那些独一无二的观点。当幼儿有机会讨论并使用材料来实践他们的想法时，成人就能够逐渐了解到幼儿知道什么，以及他们如何看待不同的问题和情况。

有趣之处在于，大多数幼儿对某个特定主题的想法都会围绕着某几个大概念展开，无论这些概念准确与否。有时，幼儿有着同样正确的想法，但有时他们又会有同样错误的想法。除非教师发现这一点，否则课堂所能引发的学习机会就会打折扣。

四、教学与评价相结合

教师需要牢记的第四个原则是：在教学过程中将教学与评估联系起来，这种评估是指导的基础。好的教学指导能够将幼儿的表现置于课堂中心，原因有二。幼儿的表现为接下来的教学步骤提供了一种预测，也为迄今为止的所学内容提供了一个课后测验。

即便是听起来最简单的问题，都可以同时作为预评估工具和后评估工具，如：把这个茶包放入冷水中会发生什么？我们怎样才能把这些脏水弄干净呢？让我们来看看，这些放置在不同材料上的冰块会发生什么？猜猜看，你会想到什么？在这些问题的提示下，幼儿会设计出一些方法来探寻到底发生了什么，他们的活动为教师提供了机会来判断：到目前为止幼儿学到了什么以及如何在接下来的课程中继续学习。

请注意，用于预评估和后评估的问题看起来非常像教学原则二中所描述的生成的相关问题。它们的确是一样的，因为将评估理解为课程内容而不是系列工具会更有用。

（一）预评估/后评估的课程

基于持续性地评估，教师可以根据班级中幼儿的回应来调整课程计划，同时根据预评估课程内容所获得的需求分析结果，差异化调整课程以作为回应。因此，教学与评估相结合也意味着评估与教学相呼应——这形成了一个循环。彼此互相提供信息，并为下一轮循环打好基础。因此，在这一观念框架下，阅读一本书或观察某个出现的现象并要求孩子们分享他们最喜欢的内容，也许从多种角度来说都是很好的活动，但这样的活动并不能为下阶段指向大科学概念的教学提供有用的评估。

（二）倾听学习过程

康诺利老师的课提供了这样的案例，说明教师如何倾听学习并解释她所听到的内容，以此来确定接下来的教学步骤。耳闻目睹玛丽带风扇的提议或杰米要带吹风机的提议，能够让教师洞悉这些幼儿的思维方式。如果教师知道要获取哪些信息，那么他就会发现孩子们的这些提议中其实包含着很多信息。关于这些孩子的分类思维和关系思维，这些提议能够告诉康诺利老师哪些信息呢？这些建议其实提供了这样一个线索：幼儿有能力根据某些功能（使空气流动得更快的方法）发现联系。孩子们也能够解释为什么风扇或吹风机是可以用来研究使泡泡飘浮的好工具，这是他们表征思维（他们如何表达他们的想法）的一个线索。

康诺利老师对学习者进行评估，以便规划后续课程，这样可以引导孩子们逐渐形成概念。但在开始互动之前，教师并不知道什么会激发学习者修改当前的想法。因此，为了随时能为每个学生提供最适宜的教育，康诺利老师必须当场制订计划并相应地调整后续课程。这种现场教学绝不能由教师异想天开或任意而为，而是一种有目的的决策，这种决策源于其对教育的深入理解。

许多教师想要控制幼儿的表现，并希望准备好预设材料设施，如纸质学习单或待填写答案的平板电脑。此类材料能够告诉我们关于幼儿知道什么和可以做什么的信息，通常要远远少于与他们互动所告诉我们的。对幼儿做书面评估，给他们打分，然后把结果反馈给他们，这在很大程度上只是一种程序性活动，通过这种方式教师对幼儿的概念性思考了解得很少。纸质学习单和测试很少有机会让儿童解释他们所知道的内容。在材料和行动的背景下，与幼儿进行简单的面对面互动或观察幼儿与同龄人的互动，教师通常能获得更多的信息和更深入的见解。

五、追求意义的建构

为我们周围的世界建构意义往往会导致踏上错误的道路。儿童和成人可能会使用不准确或有缺失的部分信息来建构似乎合理的论点，从而得出错误的结论。但建构主义教师们并不止步于此。建构主义教师们尊重儿童的逻辑，提供缺失的信息或引导儿童发现缺失的信息，然后鼓励儿童开展包含必要数据的意义构建过程。

建构主义原则指出，学习者需要主动建构概念。但概念无法直接传达给孩子。许多教育工作者试图传递概念，并且经常将概念传递等同于学习。但我们一次又一次地发现，教师的概念"传递"并不等同于幼儿对这个概念的学习。对于儿童学习真正的科学内容这件事，许多教育工作者关心的问题是，幼儿如何能够自己构建出复杂的概念，这些概念是伟人花了许多年的时间才生成的。他们会问，幼儿如何能够在康诺利老师关于力的课程中构建出科学概念？

要回答这个问题，需要我们明确定义教师所教授的概念是什么。康诺利老师班上的孩子们不会使用"气压"或"空气流动"这些词，也没有表现出他们意识到了空气流动和气压之间的关系。对学前儿童和小学生来说，这并不是课程是否有效果的必要条件。康诺利老师并不期望孩子们会使用这样的词汇，她也没有介绍这些术语的计划。

康诺利老师期望的是，学生与物品（如泡泡、风扇和吹风机）进行互动，观察现象（如泡泡的寿命、稳定性、运动、运动速度等），并构建联系（如挥手会导致泡泡向靠近手的方向移动）。康诺利老师懂得构建内在的知识有多么重要，她通过提问，引入统一概念、强调所选择的表述语、尊重儿童的主动性并设计各种观点，以此来调整互动。

六、提供机会，而不是概念

虽然概念无法传递，但机会可以。让我们更为深入地研究在康诺利老师的课堂上发生的互动，更深入地了解孩子们如何使用这位善于分析的建构主义教师所提供的简单材料来开始构建非常复杂的概念。

康诺利老师通过使用她从孩子们那里听到的言论构建出若干问题，以此创造出了一个学习情境。她回顾孩子们脱口而出的发言，并突出强调了最具学习可能性的发言。她不断地将孩子们的注意力拉回到一个重要的概念关系（挥手与气泡的运动）上。她正在创造这样一个空间，孩子们可以在其中建立一个思考的平台以供其分析想法。她这样做是为了激发幼儿关于力的思考和讨论。

关于泡泡研究中到底发生了什么，出于众所周知的理由，恐怕大多数科学家都会提到丹尼尔·伯努利（Daniel Bernoulli）于1737年提出的那个关于力的著名方程式。他证明了流体施加的压力会随着流体移动速度的增加而减小，这个有着两个半世纪历史的观点至今仍然适用。为什么它仍然是正确的？因为这就是世界运作的方式，不论是在物质环境（包括空气、水和岩石等）还是在生物环境（包括植物和动物等）中都是如此。伯努利获得了一些关于地球上自然力的发现，并致力于解释他周围发生的事情，还设计了一种让其他人和他一起思考这个问题的方法——一个方程。伯努利关于流体的解释包含了对身体血液的思考。速度和压力有关系吗？伯努利与他的同事莱昂哈德·欧拉（Leonhard Euler）一起，先用较小的管子在管道上戳洞进行实验，然后用尖头玻璃管插入人体动脉来测量人们的血压，这种操作曾经被使用了170年，直到被更安全、痛苦更少的操作取代。

正如第一章所述，大多数时候，成人向年轻人所展示的科学实际上只不过是按照指导进行的练习。大多数实验并不是真正的实验，而是严格控制的练习，在这样的练习中学生几乎在同一时间得到了相同的结论。而本书则鼓励教师做一些不同的事情——创造机会——让孩子们可以使用安全、无毒的材料，在课程框架内用他们自己的方式获得新的发现。这种教学方式基于这样一个前提：学习者需要内在构建知识，而不仅仅是积累信息。人类大脑从信息片段中构建知识，构建观念、概念、规律和理论。信息对于知识的构建是必需的，但它并不是知识本身。

七、我们如何学习决定了我们学到了什么

空气是流体吗？是的。挥手是否是伯努利原理的一个例子？是的，的确如此。泡泡是伯努利原理的另一个例子吗？是的，它们的确这样运动。玩泡

泡的孩子们随处可见。但他们中是否会有许多人能从他们的玩耍过程中重构这一原理呢？没有，康诺利老师班上的孩子也都还没有。但是康诺利老师班上的孩子们正在建构这样一个基础，有一天他们可能会在这个基础上重构并理解这一原理。而今天，这个基础成为他们建立幼儿期概念的舞台，这个幼儿期概念是"即使我们看不见力，力也在起作用"。

康诺利老师班上的孩子们正在进行与丹尼尔·伯努利小时候所做的相同类型的令人好奇的实验。他们通过"做"科学来学习科学，触及了科学的本质，并建立了实践性知识，这些知识可以帮助他们在今后的生活中获得更为复杂的知识。

八、课堂真的可以这样运作吗？

尽管许多教师认同本书中描述的哲学和教育学原理，但他们也怀疑在教育政策和实践狭隘地衡量科学成就的当下，跨学科的、基于问题的课程单元的实用性。的确，我们正处在困难时期。许多教师质疑建构主义教学法与为儿童在基本技能标准化评估中取得成功做准备之间的关系。

尽管在当前以备考为重点的教学中，建构主义课堂难觅踪影，但有一项研究从根本上支持了建构主义教学法，并打消了这种教学方式会导致考试成绩不佳的疑虑（Abbott & Fouts, 2003）。此外，重要的是要证明，建构主义学习环境培养了幼儿学习和研究学术的倾向，这些倾向不能在测试中进行正式衡量，但有助于儿童在学业上的迁移性学习。

在本章中，我们列出了一些可以在多种环境中进行的幼儿建构主义科学教学的指导原则。在第三章中，我们将一窥新手教师们的世界，他们努力并成功地使用了一种对他们来说非常新鲜的教学方式，一种他们以前很少见过的教学方式——建构主义课堂。

第三章
学会关心和关心学习

在科学这样一个领域中,教师和幼儿可以学会关心——关心彼此、关心我们共同的世界及这个世界中的所有生命。为了让科学课程在这种类型的整合性学习中发挥作用,教师应作为学习的引领者,参与到课程教学、评估学生学习及反省自身专业实践的循环之中。这个"教学—评估—反思"的循环,是每一位认真的教育者在整个职业生涯中都要不断进行的一种实践。

幼儿是天生的小小科学家,本书的读者正在学习如何促使这些小小科学家成长为科学思想家,同时也帮助他们成长为家庭成员、朋友和年轻公民。我们的教学方式与我们自身的概念体系密切相关。对许多人来说,青少年的课堂和学校所在的社区可能是我们的第一面镜子,在这面镜子中,我们必须如此长久、如此艰难地审视自己。

通常在能够直接关注学习过程之前,新教师们常常会苦恼于在课堂上扮演权威者、被人仰慕者还是控制者的角色。在他们对提供与幼儿的思维和技能非常匹配的课程感兴趣之前,他们最普遍的问题是他们所谓的课堂管理问题。泰勒(Taylor)老师、阿曼达(Amanda)老师和琳赛(Lindsay)老师都是新教师,她们对自己创造并调控有序的课堂环境的能力感到疑虑:

泰勒老师担心:"我对管理方面准备得最少。我觉得管理孩子们的行为会很困难。"

阿曼达老师希望得到指导："我想更多地了解如何管教孩子，以及教师可以有多么严格，但又不至于过分或不当。"

琳赛老师渴望优秀的榜样："我还没有看到一种真正有效的课堂管理方式。我经常看到一些过于严厉却又没必要的策略，我很好奇在课堂管理方面是否有更好的平衡。"

这些引述隐含着这样的指向，即幼儿的行为需要由教师的行为来控制，而教师的这些管理行为是从一系列课堂管理策略中选取的。这些引述还暗示着教师担心制定不出有效策略，从而失去对儿童行为的控制。的确，我们有理由感到担忧。出于对关键性的安全措施的考虑，教师必须制止危险的、冒险的或有伤害性的行为。这是成人的责任。第十四章中讨论了如何创设符合物理安全标准的科学学习环境的方法。

在确保安全的情况下，教师需要帮助学习者做好准备，使他们参与并接纳自己的学习，第十二章和第十三章提供的课程单元，能够最大限度地帮助教师发挥环境的学习潜力并降低幼儿产生不当行为的可能性。

一、教学—评估—反思循环

本章包含了教师在设计和实施科学课程的过程中，将建构主义教学法付诸实践的若干条目。这些条目讨论了教师的矛盾和他们所克服的障碍。本章在不同层面上直接或间接地探讨了儿童在情感和智力上的保障问题，以及教师如何获得全美幼教协会专业标准所列出的能力，即"通过观察、记录和评估来为幼儿和家庭提供支持"。

> **通过观察、记录和评估来为幼儿和家庭提供支持**
>
> 申请者需要知道并理解评估的目标、效益和用途。他们与家长及其他专业人士合作,以负责任的方式明晰并使用系统观察、记录和其他有效的评估策略,以此对儿童的发展和学习产生积极影响。

二、好的课程,好的行为

各类课程(无论是科学还是其他科目)的长期目标都是让儿童在课堂上发展控制自身行为的能力,以使他们能够根据所处情境中的文化、社会和心智要求调整自己的行为。培养良好行为的最重要的因素也就是解决问题的挑战、相互关联的课程和教师提供灵活的教学策略的本质所在。换句话说,好的课程就是培养良好行为的最佳途径。当儿童从事他们所认为的重要活动时,他们的思维常常是集中的,他们的行为往往指向任务。

三、如果好的课程还不够

当幼儿的行为转到了环境或时间不适宜的领域时,教师有必要立刻做出判断。

整个团队是否需要更多信息、指导或其他资源?如果是这样,教师可以召集大家,改变物理空间、人际动力关系、噪音水平和所处情境中的谈话性质。

是否有幼儿会表现出可预见的不当行为?如果答案是肯定的,那么可能需要另外一位教师格外留意这个幼儿。也许教师已经为某个幼儿建立了一套提醒机制。当幼儿变得心烦意乱或烦躁不安时，教师可能会悄悄地递给他一根绳子来拿着或一些黏土来捏着，从而将他的注意力转移到对绳子或黏土的触觉上。这种无声的互动不会干扰那些专注于自己解决问题的孩子的活动。它还最大限度地减少了捣乱的孩子对教师关注力的占用。

如果儿童表现出意料之外的行为呢？在这种情况下，教师可能会邀请他们和她一起开展讨论，一旦一起进行讨论，教师就会让他们参与找出问题的本质并寻找解决方案。教师通过协商明确的课程内容（如植物生命这一科学单元）的方式，与她对课堂上不当行为（如一个孩子打另一个孩子）的讨论方式必须是一致的。如果两者都是民主的，在教师的指导下，孩子们倾听所有人的声音、通过对话相互理解、合作提出大家都可接受的想法，那么孩子们就有机会学到一个他们最终能够自我适应的过程。

四、在教学过程中评估

基于倾听、讨论、理解和合作的民主评估案例有哪些？帮助孩子们在他们的日常生活中发现规律是所有课程的一个重要功能，无论是科学还是其他学科。事实、数字、日期、事件和现象混合在一起会造成混乱，除非学习者开启在他们的世界中探寻各部分之间联系的过程，并在解决某个特定问题时弄清楚什么是重要的、什么是不重要的。要发现规律，就必须不断探索。规律就在我们身边，但前提是我们努力寻找它们并努力理解它们。为了帮助孩子们在每天的日常生活中发现规律，教师也必须关注孩子们发现规律的过程。

除了引导幼儿探索规律之外，还有什么策略有助于教师描述教学过程中的评估呢？我想，我们需要把犯错的行为放在其应占的重要位置上！

五、错误带来真理

教师的另一个重要评估策略是：认识到错误在幼儿学习中的重要作用。成人可能会无意识地认为错误是消极的。然而，在 500 年前，"错误"（errant）一词指的是人在旅途中——寻找真理的旅途。但是，进入未知领域的探险之旅往往会导致人们踏上陌生且可能徒劳无功的道路，因此失误在所难免。

当你和你照看的一个孩子在一起时，如果你犯了错误，你会怎么做？你是否会表现出对自己的恼怒、尴尬、愤怒、羞愧？或者你是否会表示惊讶（如，"我确实没料到会发生这种事！"或"这回我猜错了"）？你是否会考量一下错误是否造成了东西的损坏，如果有，就修复它，然后再试一次？现在，想想当孩子犯错时你的反应。

当教师支持幼儿对自己最初的想法提出批判性建议时，错误的可能性就出现了。如果一个孩子从不犯错，那么他很可能根本没有进行学习。如果年幼的娜塔莎只是在做她早已知道该如何做的事，那么她很可能会像以往那样思考它，因此，也就不会跳出舒适圈去挑战自己。在学习的过程中，教师不仅必须认可且欢迎必要的错误，而且必须公开地创造机会，让娜塔莎犯错、然后意识到错误并改正错误。

我们想让年幼的、正在成长中的"科学家们"知道，犯错至少是被允许的。理想情况下，我们希望传达的是：犯错不仅是可以的，而且是学习和成长过程中能够预料到且很有必要的一部分。通过这样的观点将犯错合理化并加以重视，这样教师就不会在公告板上"自豪地"展示对问题做出 100% 正确回答的、完全相同的学习单。公告板上那些完全相同的、完美的学习单表明，儿童在那堂科学课上错失了许多学习机会！

六、错误答案的生产力

在为学生的问题寻求"正确"答案的标准化追求中，许多教师都错过了允许他们的学生进行阐述的机会，教师应当让学生阐述的是他们如何获得他们正在思索的想法的整个过程。从真正意义上来说，让孩子们给出"正确"答案的努力往往会导致错失可以激发孩子进行更多探究和更深入理解的教育时机。

原创性的研究过程虽然有可能出错，却能促使孩子们努力找出他们真正想表达的内容，并努力表达得更好。因此，学科知识和技能在跨学科的研究和成果共享的过程中彼此强化。

认可使我们感到惊讶的实验和某些最终被证明是错误的想法，这样的课堂文化着眼于科学伦理方面的重要问题，即：准确、寻求证据以及真实的报告。承认自己的想法有偏差和前后矛盾，往往会促使我们采取行动来加以解决。想要纠正错误会引发我们的关注，而关注引发进一步的了解。

如果学习是即时发生的、发展性的、抽象的、内部构建的、以社会和文化为中介的（Fosnot，2005），那么学习者就必须花费大量时间来解决问题，并产生错误答案。这对成长中的学习者和成长中的教师来说都是如此。

七、结构化反思

让我们来听一听校长艾伦（Allen）和第一年工作的三年级教师洛佩兹（Lopez）在观摩完一节课后的讨论吧。在多条记录中，艾伦校长计算了在讨论过程中举手的女生和男生人数，以及洛佩兹老师有意识地让其分享想法的女生和男生人数。尽管有女生举手，但洛佩兹老师一次都没有邀请过女生。当艾伦老师展示她的数据结果时，洛佩兹老师回应说："我没看见女生举手。"在接下来的谈话中，这位教师仍在争辩说没有女生举手。她宣称"我绝对不会那样做。"校长向洛佩兹老师展示了自己用来记录孩子们课堂反应的图表和临时标记。"这是我看到的。"

洛佩兹老师最近作为研究生刚刚完成了一篇关于课堂实践中的性别偏见的论文。她不愿意承认自己做出了自己不支持的行为。与大多数教师在新手教师期间的情况一样，洛佩兹老师的主要问题也是"我做得怎么样？"。多年前，一项针对职业阶段的具有里程碑意义的研究揭示了这一点（Fuller, 1969），而今天仍然如此。尽管大多数新教师心里可能会问"我做得怎么样？"，但接受对问题的直接反馈并不总是那么容易。

洛佩兹老师不愿承认自己错过了班上女生潜在的学习投入或忽略了她们的贡献。但她的确这样做了。她的第一反应是否认。她花了一段时间才将校长看作一位与自己合作的同事，合作的目的是使孩子们的学校教育更有成效。

也许比接受他人的反馈更重要的是自我反省的能力。本章重点介绍了教师可以参与的、指向改进实践的结构化反思类型。成为一名称职的教师需要结构化反思，这是一种通过学习共同体中共享的卓越愿景来处理对于自己在课堂上所作所为的想法和感受的方法。教师必须将她的反思集中在课堂互动的特征上，这些特征对实现课堂目标至关重要。表3-1中的框架能够引导教师做出这样的反思。

每次与孩子进行新的互动时，教师都需要重新审视自己对以下问题的回答。首先，"学习意味着什么？"其次，"根据我对学习的了解来进行教学，这意味着什么？"有时，教师对这些问题的回答会有很大的改变。

表 3-1　教师反思指南

学科主题知识	我了解一般科学原理。 我看到了"大概念"。 我根据学习者调整主题和词汇。
课程计划	我将课程与学习标准联系起来。 我创设了基于问题的学习情境。 我创造了"认知需求"。 我为了增加了解，设立了阶段性的检验节点。
沟通	我提问、倾听和回应。 我让孩子们详细阐述想法（"告诉我们更多"）。 我表现出对公平问题的敏感性。 我使用通俗易懂的语法和句法。 我表达清晰，语调多变。 我的表达适合学生的语言发展水平。
指导策略	我明确呼应学生原有的知识。 我回应学生的问题和想法。 我会根据意外情况随机应变。 我根据观察调整教学步骤。 我遵守安全指导原则。 我的教学行为是有专业依据的。 我了解班级的"整体情况"。 我能关注到不在我周边的学生的行为。

什么样的经历能够帮助教师质疑她目前的想法？很多人都听过这句来自东方哲学的说法："当学生准备好了，教师就会出现。"同样，当教师准备好时，就会成为反思型教师。

下一部分提供了新教师的反思案例，他们正在重新定义自己对教学的概念，特别是建构主义教学概念，并在他们的班级里重新规划自己的工作。当你从他们的日记中阅读这些摘录时，想想每则反思的焦点是谁——学习者、教师、学校管理人员或其他人。

八、成为会学习的人

本节举例说明了新教师获得专业发展过程中的一些常见反应。根据接下来各章节讨论的主题，这些反应将被分组呈现，以便为读者了解本书后续呈现的这些主题奠定基础。

统一概念/大概念

统一的科学概念对我来说是个全新的观点（见第九章）。我现在把它们粘贴在我教室里的科学墙上。我并不期望我的学生们去参考它们，但把它们粘贴在那里是对我的提醒。例如，我们学习的上一个单元是植物的生命。在我计划这一单元的过程中，我确保查看过这些概念中的每一个，并将术语和概念融入课程中。在讨论植物的过程中，我们研究了植物不同部分的功能，并探讨了这些部分如何帮助我们将植物看作一个有序、有组织的系统来研究植物的进化。我发现今年的学生比我过去班级的学生积累了更多的知识，我可以看到我自己的课程规划和教学是如何起作用的。

明年我将在教学中做出的一个改变是：在课堂上关注大概念。我明白了在构建课程或单元时，在头脑中拥有某个大概念是多么重要。它可以帮助你和你的学生更好地了解我们将要学习的内容，以及我们在课堂上开展的所有活动背后的意义。

问题的多个来源

我认识到,在建构主义课堂中,我需要培养学生好问的天性和热情。我觉得,通过引导学生利用我们所提供的技术(如互联网)发现更多信息,我们可以提高他们在这个不断发展的世界里取得成功的能力。此外,我重新激起了对简单事物的热爱。必须记住,我们周围的世界都是科学,在购物车中发现科学就是这一观点的证明。问题无处不在,等着我们去回答和发现。

欣赏年幼的学习者

我意识到,为了使用建构主义方法(见第二章),我必须将我的课堂变成一个以学生为中心的环境。曾经,这对我来说非常困难。我总是觉得有必要在做实验之前做出所有指导。我现在知道,当我让孩子们探索并尝试弄清楚他们将要学习的内容,而不是由我告诉他们并给他们答案时,他们学得最好。在我自己的课堂上这样做时,我学会了在不给他们答案的情况下引导孩子们朝着正确的方向前进。

转变对控制的看法

当我和我的学生进行"化石挖掘"活动时,我抛给了他们一个问题,并告诉他们考古学家必须弄清楚如何找到东西,并记住他们是在哪里找到这些化石的。

转变对混乱的看法

我还牢记了这样一种观点,即学生必须首先感到困惑,然后才会学习。我的学生总是希望金老师(另一位教师)和我从一开始就将一切事情解释清楚。他们也经常说"我们听不懂"。当我试图向他们解释,我需要看到他们的错误后才能找出他们需要帮助的点时，他们通常就什么都不想做了。我正在努力帮助我的学生更轻松地承担风险和面对困惑。我试图少谈论错误，而是尝试提供学习挑战，这种学习挑战允许不同类型的正确答案。

何时介入

我学会了在他们的探索过程中退后一步，让他们自己把事情弄清楚。在此之前，我总是会一步一步地告诉他们需要做什么。现在我把问题交给他们，让他们想办法解决问题。有时如果有些小组出现了问题，我会介入干预。有时会发生肢体冲突或其他问题，这时我也会介入。这比让幼儿哭要好得多。

等待时间

永远不要告诉我的学生我可以要求他们思考的任何事情——这是一个我曾经很难实施的观念。我以前认为，课堂讨论很难使学生拥有更多的控制权。然而，我做到了，也让自己通过这样的实践成长为一名专业人士。我现在可以让我的学生选择控制自己的学习。我为我的学生能够因此有所发现而感到非常自豪。例如，我以前总是给我的学生思考和提问的机会，但我没有留出足够的时间让他们回答问题，而是急于告诉他们答案是什么。

探索的价值

我曾经认为，低年级的实验只能作为演示课，由教师来控制和完成。但我现在明白了为什么那并不是真正意义上的演示，因为这样的做法背离了实验的目的。学生应该掌控自己的学习，并得出自己的结论。即使是一次失败的实验，它也可以成为一种学习经验。

在真实生活中寻找科学

我将科学和其他领域的课程进行整合,数学也是如此。我将活体动物和植物的观察与数学相结合。学生用描述性的文字和诗歌来记录观察结果。我发现,当我将科学融入课程并贯穿其中时,我的课程变得更加丰富。各类活动突然变得生动起来,我也很享受和学生们在一起的过程。

小组学习

鼓励学生与他人互动也成了我更想去做的事。这引发了合作学习,让他们有机会一起合作解决问题。当每个人都相互配合、一起工作时,教室就变得更像是一个工作场所。学生们也更加觉得自己是课堂环境的一部分,我希望课堂能像这样运作。

根据幼儿的反应做出调整

我开始欣赏孩子们的发现。当我的学生指出某些事物时,我不再感到不安或觉得被打断了。我追随这样的发现。我欢迎学生的发现和提问。当我的学生指出他们注意到的一些事物时,我会感到非常兴奋,然后我们开始讨论这个话题,我还会找出探索它的切入点。例如,当我的一个学生指出蝴蝶的两只翅膀一样时,我就安排了一堂关于对称的课。学生们对学习对称性感到非常兴奋,他们因此记住了这个概念。

课堂的基调

我所做的改变之一是,我现在非常关注我向学生介绍某个话题或活动的方式。我不是给孩子们提供信息,而是抛给他们一个问题,让孩子们尝试解决它。我的学生一开始看着我，好像我疯了一样，但随后就开始提出各种想法。我现在已经变成了课堂上的引导者。

主动学习能够为深度学习挤出时间

准备考试使建构性学习变得非常困难。但是当我上周担任科学代课教师时，我和学生一起做了一个关于蜥蜴及其皮肤的实验。由于蜥蜴是冷血动物，我们首先讨论了冷血动物，然后我们阅读了与它们有关的书，以及它们在早晨如何安排全天的"热身"活动的相关内容。随后我们带着温度计和各种不同的材料走到户外，分组来试图找出哪种介质可以更快地加热温度计。加热速度最快的介质会具有与蜥蜴皮肤相似的特性。然后我把各种材料发给他们，让他们思考如何进行实验。他们想到的办法是：先量一下操场的温度，然后把温度计包起来，看看哪种材料会升高温度。以前，我会为他们做完一切，他们看着我做就行。现在我知道，学生们可以做得比我想象的多得多。

九、反思的步骤

让我们回顾一下我们刚刚读到的上文所引用的新教师们的反思。大多数陈述都是关于教师自己的行为和教师自身认识上的改变。许多变化源于他们与孩子们的互动，他们在看到结果后对自己的想法进行了调整。这些关于变化的报告案例都来自教师的视角。这仅仅是第一步。

对于实践的深入反思还有第二步：教师继续以严谨的态度来观察孩子。第二步的反思需要观察行动中的幼儿。"行动"是什么意思？这意味着观察以下情境中的幼儿：

- 解决了自己提出的问题；
- 试图帮助另一个幼儿完成某项任务；
- 向另一个幼儿发起对话；
- 在对话中做出回应；
- 参与日常生活中的许多活动。

下一节介绍了另一组新教师的反思，这些反思针对的是反思的第二步。这些反思使用的是广为人知且备受推崇的幼儿教育家露西·斯普拉格·米切尔（Lucy Sprague Mitchell）所提出的主题结构。

十、永远的学习者

20世纪初，露西·斯普拉格·米切尔与一群具有远见卓识的朋友一起决定，为幼儿设计的学校没有必要像当时的学校那样沉闷。它们应该变得更好，米切尔开始改变现状。

米切尔看重什么？正如她所说，她的使命是"让一个人成为永远的学习者"（Mitchell，1916）。露西·斯普拉格·米切尔多年来坚守的理想是推动当时致力于幼儿健康成长和发展的前沿机构和协会组织。米切尔意识到，成人所看重的事情的一个生动例证是：哪些内容正日益成为重要的分享内容。有四种人类品质——热爱生活、旺盛的求知欲、面对变化时的灵活性以及无畏勇敢地工作——是米切尔所宣称的，在她帮助建立的学校里孩子们成长所需的至关重要的品质。

以下内容引用自新教师们分享的课堂案例，这些例子证明了他们的年幼学生们正如米切尔所阐述的那样生活。

热爱生活

我的学生喜欢在户外庭院里自主阅读和写作。他们说自己在大自然中阅读能获得更多乐趣。他们还说,在户外时,无论是刮风、晴天还是阴天,他们都会获得很多很棒的写作灵感。一名学生躺在一棵大树下,写下了一首关于树的很棒的诗,另外两名学生则决定给校长写一封信,希望把这棵大树变成整个学校的"和平树"。

我教会一个学生在秋千架上自己一个人荡秋千。这个学生的情感领域因而被激活了。我的这个学生患有自闭症。她现在会要求我跟她一起坐在秋千上和她一起荡秋千,而不是让我推她。

在我的一年级班里,每周都有一次"科学时刻"活动。每个学生都能够展示他们在本周内提出的一件有趣的事情。在展示中,学生们提出了各种各样的问题,从妈妈为什么把她买的一种果汁收起来,到鞋子如何在地板上留下黑色印记。质疑母亲换果汁的学生说自己不知道妈妈为什么这样做。于是他直接问了妈妈,得知妈妈以为他不喜欢喝果汁了,因为他不再像以前那样喝那么多了。妈妈决定把果汁换回他最喜欢的那一款。第二天早上男孩来了,说他很高兴在学校里学会了如何提问!

求知欲

我们在玩球和斜坡,孩子们用吸管在地板上吹球,并测量一口气能把球吹多远。亚伯拉罕转过身来问我,这个球会不会产生足够的力量把积木撞翻。我告诉他,他需要设计一个他可以在课堂上做的实验,来找出自己的答案。他拿了10块积木,把它们一块一块地竖起来。然后他拿起吸管,对着球吹了起来。结果积木被球击倒了。

然后我问他,"如果你后退一些会怎样?"他试了一下,发现退得越远,球就越不可能撞倒那么多积木。他对我说:"当我向后退时,球就失去了力量。这是为什么呢?"这个实验花了两个星期的时间才完成,因为他把实验搬到了课堂上,我们整个班级都开始了对它的探索。

在最近的一次实地考察中,学生们正忙于探索海滩上的岩石。一名学生开始使用他在课堂上学到的知识为每块岩石命名。然后其他一些学生开始按类型对岩石进行分组。他们在海滩上搜索得很开心,他们发现了一些他们叫不出名字的、有趣的岩石,并试图将它们与其他岩石进行比较。

灵活的思维

有一天,我班上的一个小男孩弄丢了眼镜。我到处找都没找到。所以我请班上所有的孩子一起帮着找眼镜。孩子们说:"我们都来做侦探吧。"然后他们就开始寻找线索。我们讨论了线索,以及我们如何去寻找线索,线索可以用来做什么。我们还开始讨论如何对我们自己的物品负责。我兴奋地教着这节课,而不是教我计划好的课。这是一个很好的教育契机。

勇敢地工作

我希望在我的所有小组中,我都能帮助他们培养出冒险精神,并帮助引导每位学生成为独立的工作者。在学年刚开始的时候,学生们很难从我读给他们听的书中找出主要思想和其他重要信息。但最近,我组里最安静的女孩安吉拉成了组里唯一一个使用回顾策略查找信息的人。她想要在集体活动结束后拿到这本书,让我再给她提一个问题来回答。

我的学生们都满4岁了,所以他们一直在问问题。我们学校没有互联网,所以答案通常在书里。于是,去哪里找是个大问题。一天,奥马尔在沙箱里玩恐龙。他问我那是什么类型的恐龙。我知道很多恐龙的名字,但我不知道他所指的那种恐龙叫什么。奥马尔决定，我们应该试试在我们的一本恐龙书中找找那只恐龙的图片。于是他挑了一本恐龙书，找到了那只恐龙的图片，然后我为他读了那只恐龙的名字和一些关于它的事实描述。我总是欢迎学生提出问题，我不害怕说我不知道答案，我会和他们一起在教室里的一些资料中找到答案。

有一天，我们在课堂上谈论动物以及它们受到惊吓时的反应。其中一位学生提到，他对动物的反应产生了共鸣，因为在他的奶奶去世后，他曾因为被吓到而不敢再进奶奶住过的房间了。但是现在他长大了，他对死亡有了更多的了解，他变得喜欢去爷爷家，因为他能从他非常想念的奶奶那里得到安慰。哇！他说得坚定有力且非常自如，全班同学都鼓起掌来。我为我的学生乐于分享而感到骄傲，我也为班上的学生乐于认可他们的朋友而感到自豪。

* * *

本章总结了本书第一部分"幼儿期的科学教育与建构主义"。第二部分从第四章"科学是有规律的质疑"开始，将详细地介绍教师的行为和处理方式，他们应成为对周围世界充满好奇的"小小科学家"的榜样，引导幼儿将学习融入生活。

第二部分

幼儿科学学习概述

第四章

科学是有规律的质疑

科学是一种社会性行为。可以说,所有的生活都是一种社会性行为。图 4-1 的便条描绘了一个小女孩向她母亲提出了"挑战",同时也为自己的"大喊大叫"道歉。是什么让她想到写一张带有挑战性的便条呢?

也许这家人在餐馆用餐时,使用过印有脑筋急转弯的纸餐垫。也许这个孩子的教师每天都会为班里的孩子提供新的挑战。也许孩子发现挑战是令人振奋的东西,或者是让你将注意力从问题上转移的东西,或者……我们可以推测很多。但我们无法确定。

我们能够确信的只有这一件事:孩子已经对她如何选择性地处理一些社会互动行为形成了一些理解。所有孩子——实际上是所有人——都会带着一套信念和想法去体验新的经历,我们甚至可能还未意识到自己已经拥有其中许多信念和想法!我们对某些事物进行充分质疑,能够形成某些对的、错的或不完整的理解——而这种理解正是我们工作的依据。这意味着什么?请继续阅读。

图 4-1 艾米丽的便条

一、奇妙的想法始于质疑

"我想知道"这句话很有力量。教师在使用常见技巧和物质材料的同时，可以通过"我想知道"这句话来培养自己和学生的科学思维。教师的首要职责是使孩子们对自身所处的世界保持好奇心。想知道我们周围世界的规律是一个很好的切入点。质疑是一套有规律的方法，而不是一个随机事件（Adler，1940）。不断地探寻规律是这套方法的一个要素。

最有效的科学教学是以科学化的学习为基础的。但在教师对科学化的学习进行深思熟虑的研究（这在下一章将进行更加详细的讨论）之前，成人必须先欣赏质疑和好奇心，并与具有好奇心、好提问的孩子们重新建立联系。除非我们懂得提出疑问，否则我们不能成为科学教师。

与幼儿一起"质疑"，能够将成人的生活塑造得充满疑问，并促使成人一起成长，也能让这段时光变成很有趣的生活！教师在塑造成人文化形象方面发挥着重要作用，这种文化重视某些儿童也同样重视的认知游戏性。认知游戏性，以及聚焦和专注，就是科学的全部。

本章着眼于全美幼教协会（2009）专业标准中关于"教与学"的部分，其观点是教师通过在学习共同体中培养幼儿好奇好问的品质来促进学习。

> **教与学**
>
> 申请者应整合自己对儿童与家庭之间关系的理解；整合对有效促进儿童发展的教与学的理解；以及整合自己对设计、实施学科教学，评估促进所有儿童积极发展和学习的经验的认识。

二、在课程中质疑

我们都需要去质疑。我们越想知道，我们就越有可能找到规律。我们以为自己发现某个新规律的次数越多，我们可能犯错的次数也就越多。但是，我们越想知道，我们学到新事物的机会就越多，这也是事实。让我们看看教师们是如何通过"做"科学来开启教授科学的过程的，"做"科学可以回答孩子们想知道的内容。

孩子们常常被现实生活中的动物和故事或照片中的动物吸引并为之着迷。因此，与幼儿一起观察和谈论动物是很常见的事。在幼儿科学活动中，教师常常会使用动物主题来教授许多处理技能。科学工具包是可用于教授科学概念的典型资源。科学工具包通常包括一个提前装好系列课堂材料的盒子，和一本关于如何与儿童一起使用这些材料的教师指南。这种性质的资源通常提供给使用特定材料的指定课程，并附上精确的指导说明。尽管这些资源可以帮助教师教学，但它们也会带来问题。教师的档案袋里需要的不仅仅是科学工具包，还需要一系列的活动，但科学工具包往往会被当作档案袋。

让我们分析两个关于动物的不同课程，看看如何将课程从按部就班地使用材料转变为有目的的调查。

三、分类：不应该做什么

第一堂示例课的目标是培养孩子们的分类技能。幼儿园教师谢莉（Shelley）老师使用了一个工具包，该工具包旨在教孩子们如何使用各种大小、形状和颜色的纽扣来识别动物并对其进行分类，而教师指南则向她展示了如何通过使用纽扣来提高学生的处理技能。在许多情境中，此项活动通常用于启动有关动物分类的课程，但这里将其作为通常无法实现自身目标的课程来进行举例说明。

这堂课不是从动物开始的，而是从纽扣开始的。在进行动物分类之前，这些纽扣被作为一种替代物用来学习分类系统。谢莉老师给每个幼儿一堆各种颜色和形状的纽扣，并指导孩子们把所有粉色纽扣放在一堆，把绿色纽扣放在另一堆，把紫色纽扣放在第三堆，依此类推，直到所有纽扣都被按颜色分成堆。

分类是许多类型的科学分析所必需的关键心理图式，作为一种教幼儿如何根据特定属性进行分组的策略，像这样照本宣科的课程安排最初可能看起来合乎逻辑且富有成效。尽管这堂课看起来完全合乎逻辑，但它未能满足孩子们建立关于自身行为的心智模型的核心智力需求。这项活动基于一个错误的假设，即儿童遵循指示动手操作会增加他们的概念化认知，然后将这一认知转移到另一组物体上——在这个案例中就是从纽扣到动物。然而，这种假设是不正确的。

这个假设是不正确的，因为教幼儿如何操作三维物体与指导幼儿如何在纸上书写和改写数字或字母没有什么不同。虽然有些孩子确实可以从上述活动中提高分类能力，但更可能的是，大多数孩子只是简单地遵守程序，分出正确数量和类型的纽扣堆，而不是深入思考整理和分类的含义。此外，我们几乎没有证据表明，学习此类照本宣科课程的幼儿，确实将纽扣分类的结构用于思考动物分类的任务。

整理纽扣活动中所包含的教师的精确指示，最常见的作用是将幼儿的关注范围缩小到遵守任务指示，而不是检查有意义的分组的本质属性。以某种有意义的方式对任何对象或想法进行分组的能力（即教育工作者们所说的"分类思考"），与遵循一系列既定指示的能力完全不同。两者都有优点，却是不同的认知任务。

我们如何将纽扣活动从听从指令的任务转变为一个分类挑战？我们如何鼓励儿童准确思考，而不是窄化思维？

四、分类：另一种尝试

谢莉老师又可以用纽扣了。纽扣容易获得，而且往往很能吸引孩子们。但是这一次，她牢记这节课的最初想法是让孩子们参与一个与他们对动物的兴趣相关的分类问题。它从来都不是关于纽扣的。因此，她将关于纽扣的内容调整为更接近动物的内容——孩子们对这个内容表现得更有兴趣。

这一次，谢莉老师提供了动物照片，并要求孩子们将所有能找出的动物照片分组，要求每只动物都属于一个组，每个组都有一个名称。与之前的课程相比，这一挑战为每个孩子提供了更多学习概念的机会，而在之前的课中，一系列精心规定的指令指导着孩子将哪个动物放入哪个组。

当孩子们发明自己的策略，使用材料来解决他们所认为的重要的问题时，他们也就提出了他们最棒的想法。在第二个案例中，谢莉老师提出了一个具有挑战性的问题，通过这个问题，她可以让孩子们对他们的想法做出更准确的解释。

五、分类：创造性的视角

动物分类有着悠久而有趣的历史。1942 年，著名的阿根廷作家豪尔赫·路易斯·博尔赫斯（Jorge Luis Borges）撰写了一篇文章，探讨人类如何尝试对世界上的一切进行分类，尽管我们创造的类别是武断且富于猜测的。他引用了中国古代文献中的动物分类，这篇文献中提出了以下分类方案[1]：

皇帝专属的动物，

长生不老的动物，

驯养的动物，

哺乳动物，

美人鱼，

传说中的动物，

---

[1] 豪尔赫·路易斯·博尔赫斯为了说明任何对世界进行分类的企图都具有任意性和文化特异性，在其出版的《探讨别集》（Otras Inquisiciones）中的一篇短文《约翰·威尔金斯的分析语言》（The Analytical Language of John Wilkins）中，列举了一本来自中国的百科全书《天朝仁学广览》（The Celestial Emporium of Benevolent Knowledge）。他声称《天朝仁学广览》这本书将所有动物分成了 14 类。他的这篇文章后在西方被广为引用。虽然《天朝仁学广览》这本书后据中国学者考证也许并不存在，但不影响博尔赫斯提出的关于分类的观点。——译者注

流浪狗，

当前分类已经包括的动物，

发狂时颤抖的动物，

无法数清的动物，

用毛笔描绘的动物，

其他破罐而出的动物，

从远处飞来的动物。

（引自：Perneger，2006，p. 264）

这里列出的成人分类方式是否有助于我们更好地回应学生的创造性分类视角？教师对儿童如何分类以及根据什么来分类所进行的调查研究，可以作为教师的一个重要的评估工具纳入她的科学教学档案。

幼儿科学教学能够得以自然展开的环境具有以下三个特征：

（1）具备儿童日常生活中常见的材料；

（2）幼儿可以自由询问和调查与这些常见材料相关的真实生活中的问题；

（3）幼儿自由地表达自己的观点和改变自己的想法，而不用担心被羞辱。

谢莉老师只有在自己能够欣赏质疑、具有求知欲而且同样享有这样的自主和自由的情况下，才能创造并维护这种环境。

六、课堂结构

让我们看看认知环境在结构和表现上是如何变得多样化的。某天，在谢莉老师的教室里，学生们可以在区域里自由地走动，去收集用品、使用电脑工作、与教师讨论，或者继续他们之前未完成的项目。在另外一天，这个教室里的学生可能会坐下来，朝着同一个方向，解决同一个难题。在同一间教室里的这两天展示了课堂结构的可变性，这与谢莉老师重视质疑、好奇和探究的教学法是一致的。

第三天，参观这间教室的访客可能会发现谢莉老师正在鼓励三个刚刚窥探过鸟巢的学生分享他们的发现。在帮助孩子们使用精确语言来描述的过程中，谢莉老师发现每个孩子在鸟巢里看到的东西都不一样。为了提高观察力和语言能力，她指出了孩子们的发现之间的差异，并建议："让我们一起再来看看鸟巢，然后互相帮助描述我们所看到的东西。"在观察鸟巢时，安贾莉可能会注意到狗毛，而埃兹拉可能会注意到不同颜色的树枝。当其他孩子与特邀鸟类学家一起工作的时候，所有这一切都可能会发生。

这些都是在具有智力成长和发展空间的环境中进行教学和学习的例子，这样的环境也为因智力参与而产生的学术学习提供了空间。谢莉老师重新定义的课堂是一个具有明确规范、程序和方针的认知环境。但这些规范、程序和方针是微妙的，很容易被人忽视，除非观察者正在寻找线索来理解儿童对学术观点的智力参与。

图 4-2 是谢莉老师班上的孩子们开始收集的材料。在观察他们发现的旧鸟巢时，玛丽亚注意到鸟巢中有一些

图 4-2　为鸟巢做收集

细小的纱线。玛丽亚问谢莉老师，她是否可以用教室里的材料为鸟类准备一筐用品，然后把它放在外面供它们筑巢。正如你可能已经猜测到的那样，谢莉老师认为这个想法可以生成很多学习内容！

七、从程序到概念

指导幼儿按程序进行学术学习，不同于引导孩子们学习更准确的理论概念。区别在哪里呢？让我们看一个例子，在这个例子中，教师提供的是引导，而不是一步接一步的指令。

在幼儿园里研究植物是另一个常见的幼儿科学活动，其中的一个常见问题是"花有什么不同或相似之处？"。正如上一堂关于动物分类的课程所述，指导幼儿探寻什么，以及如何对他们所看到的东西进行命名和分类可能会减少课程的认知成分；这种指导实际上会减少孩子们建构灵活的、可迁移的知识的机会。相反，教师需要为儿童提供多种机会来培养他们自己的分类思维。为了让幼儿最终理解植物各部分如何组成植物生命的普适观念，幼儿需要尝试成为一名生物学家。

让我们回到谢莉老师这里。她如何从概念上引导学习者？她从儿童那里学到了如何开展教学。例如，娜塔莎想知道花的底部（见图4-3）那棕色的花瓣是什么？它们到底是不是

图 4-3　娜塔莎的花

花瓣？

在孩子们尝试用不同的方式对花进行分类时，谢莉老师用她自己的分类思维来试探孩子们的想法。她并不急于分享植物各部分的名称或关于这些部分的功能的信息。她不想强加一种思维体系，这可能会减少而不是增强孩子们寻找模式、建立心智模型的机会，以及构建更大、可迁移的关于如何看待此类挑战的方式的机会。谢莉老师利用娜塔莎对所谓萼片的观察结果，促使娜塔莎和其他孩子一起思考植物的生命周期。谢莉老师提示孩子们可以更仔细地观察其他没有完全开放的花朵，它们的花瓣正被萼片保护着。通过帮助学生们随着时间推移观察植物的生长模式，谢莉老师引导她的学生理解植物的生命周期和植物的每个部分所扮演的角色。

八、巧妙的引导

很多时候，新教师看到上述的教学和学习环境结构，会问：如果孩子们花这么多时间设计自己的调查，我怎么能管好一群孩子呢？我如何才能知道该对每个孩子或一群孩子说些什么？我怎样才能让每个人都专心、专注于任务并开展学习？答案就是：巧妙的引导。教学是一门艺术吗？抑或教学是一门科学吗？这两个问题的答案都是"是"，正是在这个交叉点上，巧妙的引导发挥了作用。

为了指导学习过程，教师需要知道人们如何建构知识。在建构知识的过程中，各年龄段的人都会开展类似的心智活动。例如，科学家们无论年幼还是年长，都会设计实验、追踪数据、查看实验是否一直呈现一致性，与其他人谈论他们的想法，并找到一种分享其结论的方法。让我们来看看罗伯特（Robert）老师班上的三位幼儿科学家——迈克尔、克里斯汀和安妮——他们正试图回答他们关于自助餐厅里哪种饼干做得最好的问题。

（一）比较饼干

罗伯特老师是一个环境建构大师，他营造的环境引导着安妮、克里斯汀和迈克尔提出问题、收集和评估信息以及考查新知识。罗伯特老师还是一位导师，他建立了框架，让孩子们在其中检验想法和信念。在这种情况下，"框架"是指这样一个指导重点——帮助儿童决定一个合理的方法来回答"自助餐厅制作的最好的饼干是哪一种？"的问题。

罗伯特老师帮助孩子们将这个问题框定为一个可以通过调查来回答的问题。但他同时也在塑造自己和孩子们学习的态度。在这个特定的案例中，罗伯特老师通过询问以下五个调查中的主要步骤，来帮助每个孩子思考他们计划的性质和顺序：①他们想如何回答自己提出的问题？②他们想要收集什么信息？③他们怎么知道自己得到的信息是否准确？④在他们完成任务之前，他们想与谁讨论他们的想法？⑤他们想如何与全班幼儿及其他重要人物分享自己的发现？

这些问题是不是听起来很耳熟？它们与成年科学家提出并展开调查的问题是相似的。罗伯特老师使用这一问题导向的心智模板来指导年幼学习者们去建构他们对自身所处世界的认知。图 4-4 展示了三个孩子是如何回答罗伯特老师的提问的。纵列铺灰方框中表示的是孩子们的回应。请注意每个孩子思维方式的差异。

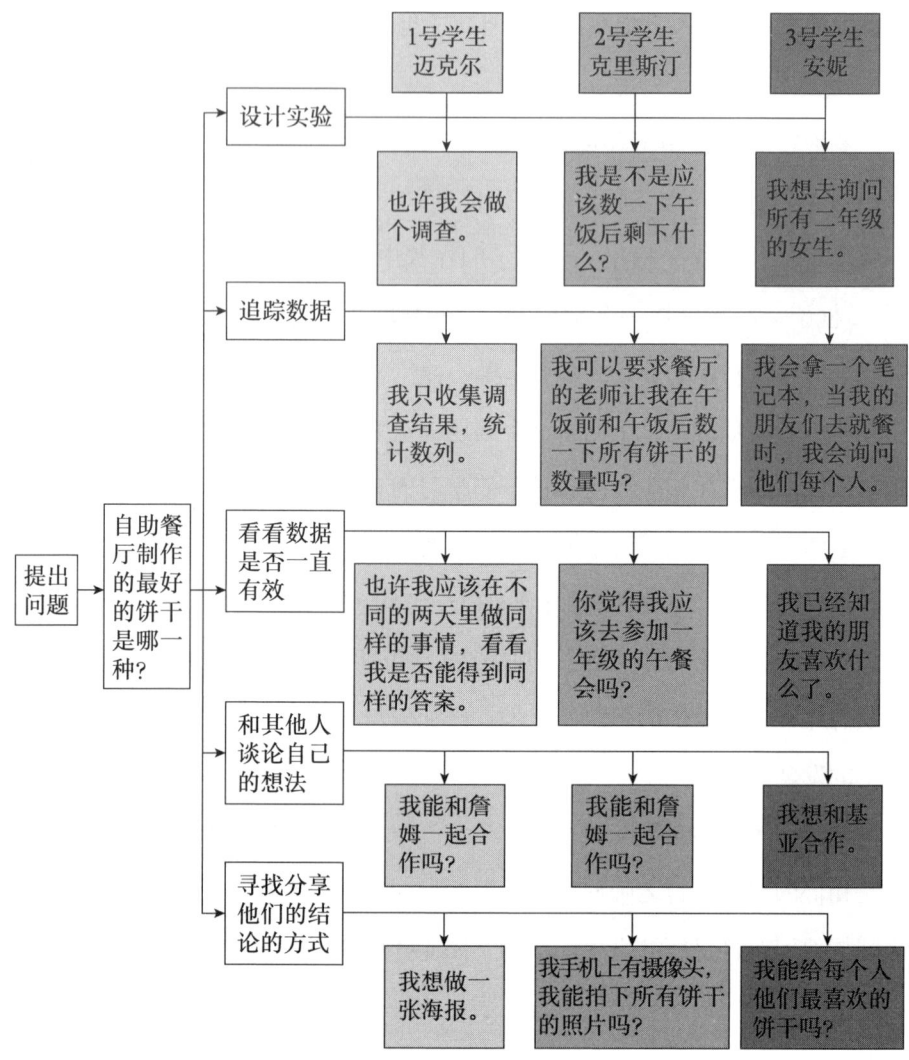

图 4-4　孩子们问：自助餐厅制作的最好的饼干是哪一种？

罗伯特老师的目标是：在科学是一项基于证据的活动的前提下，帮助迈克尔、克里斯汀和安妮寻求答案。通过罗伯特老师的指导，每个孩子都找到了一套独特的方法来回答关于饼干的问题。他以每个孩子的调查为载体，为培养孩子的科学思维提供了具有挑战性的机会。这就是巧妙的引导。每天，罗伯特老师都会搭建一个学习舞台，并间接地推动这个舞台上的活动。

九、教师是鼓动者

谢莉老师和罗伯特老师是鼓动者。有些孩子以某种方式开始他们的调查，而另外一些孩子则采用不同的方式。谢莉老师和罗伯特老师已经为他们做好了准备。我们会看到谢莉老师和罗伯特老师积极地倾听迈克尔、克里斯汀和安妮的意见，并运用质疑的心智训练方法。他们获得了关于如何提问、进行调查和记录学习的心智模板，并以不同的方式坚持使用这一模板。

在课堂里，教师精心安排孩子们分享他们的调查，孩子们在研究同一问题时会展现出不同的观点。这些教师会邀请感兴趣的孩子详细阐述想法并重点讨论相互矛盾的结论，以便进行更深入的研究。当学生重新审视概念时，学生就会将他们的知识转变成包含更多信息或更有效的策略。

在上述饼干问题中，教师请安妮考虑除了她的朋友之外的其他同学的饼干选择情况。这时，教师正在鼓励安妮纳入更多信息，这些信息可能与她当前收集到的信息不同。教师让克里斯汀比较她所谓的"午餐前"和"午餐后"的饼干数量，促使她寻找规律，尽可能找到更多的有效策略来解释每周中的某天或不同年级学生在食用饼干上的差异！

*　　*　　*

本章开篇呼吁教师发现自身内在的好奇心与求知欲，现在以具有求知欲的学习者如何成为好教师的例子作为本章的结束。如果学生想学好科学，他们就需要一位重视质疑和探究的教师。在本章中，我们展示了有目的地构建可以促进儿童成长和发展的学习空间的景象,并论证了基于科学"大概念"的统领而开展课堂探索的重要性。下一章将探讨教师如何带着课堂上生成的问题,在室内和室外的各种环境中促进儿童的科学学习。

第五章
在家庭、社区和自然中学习科学

教师可以通过与家庭、社区和自然建立积极联系,来加强幼儿的科学学习。全美幼教协会(2009)在其关于建立家庭和社区关系的标准中,指导教师们考虑互惠关系的力量。

> **建立家庭和社区之间的关系**
> 申请者应了解、理解并重视儿童家庭及所在社区的重要性和复杂性特征。他们运用这些理解来建立互相尊重、彼此互惠的关系,以支持并赋予家庭力量,并让所有家长都参与到自己孩子的发展和学习中。

科学家们每天去他们的实验室主要是为了一个目的——去发现他们以前不知道的东西。艺术家去他们的工作室、数学家去研究他们的模型、作家来到他们的电脑前、工程师去他们的测试点、历史学家去档案室或进行采访,都是在尝试新的东西。每天每个人都要去解决某个问题,都要去面对某个挑战。

从表面上看,科学家的研究实验室和儿童所处的小学似乎是两种截然不同的环境场所。在某些情况下,这些区别的确非常显著。但是,如果小学课堂是一种让孩子真正解决问题的建构主义课堂，那么这两种环境在智力层面上的相似之处可能会比不同之处更多。

一、无处不在的实验室

将所有类型的学习区角建设成为充满有趣的挑战的研究实验室、工作坊或工作室，可为该环境中的儿童提供成长机会。这样的学习区角将幼儿视为常驻科学家、数学家、历史学家、艺术家、作家和工程师，同时这些环境允许儿童发展和展现他们自然形成的能力。教授科学意味着需要从广义上审视孩子的一整天，而不只是在正式的教学时间内开辟一段"科学时间"。在哪里学、如何学以及向谁学，都是我们学习内容的重要组成部分。

让我们来看看这样一个学习环境，该环境旨在鼓励孩子们合作解决一个开放性的问题，该问题需要孩子们在智力上挑战基本物理科学概念和工程原理。这个例子使用的是安全、常见的材料，它可以在任何地方开展。

二、童年期的物理学：一项运货挑战

幼儿经常对卡车、汽车、轮船以及一切能够自行移动或将东西从一个地方移动到另一个地方的设备着迷。让我们来分析一下，教师可以怎样设置并完成一项挑战，这项挑战就是：邀请孩子们以创造性的方式使用选定的材料和设备，将货物从一个地方转移到另一个地方（如图 5-1 所示）。

教师牢记本书中呈现的教学模式中的核心教学要点：儿童是天生的问题解决者。不要告诉他们每一步要做什么，这会让他们养成坏习惯。

图 5-1　运货挑战

（一）科学大概念

这一运货挑战背后的大概念是什么？这项练习其实与力和机械有关。力是推力或拉力，而机器是改变力的方向或使力倍增的装置。这种使力倍增的概念需要教师格外注意，因为成人不仅要理解它意味着什么，还需要明白它不意味着什么，以免在言语中给孩子们播下误解的种子。一个使力倍增的机器并不意味着机器增加了所做的功或所输出的能量。例如，汽车千斤顶就是一种我们称之为杠杆的简单机械，它可以让一个人用很小的力向下压一端，但由于杠杆的长度，在杠杆另一端会产生很大的力。我们说千斤顶以牺牲距离为代价增加了力。输入和输出功的方程以及力的计算是儿童科学教育后期的主题。在目前这个挑战中，优质科学活动意味着教师与孩子一起用多种方式去探索那些可以感觉的、可制造的或可根据活动中出现的新证据重新定向的推力和拉力。

（二）生成的相关问题

在开始这个挑战时，教师将一个区域设置为码头，用另一个区域代表一艘船。她指了指"货物"——存储在贴有标签的盒子中的贝壳、岩石和一捆织物，然后提出了预设的下列挑战：

将货物从（假装的）码头移到（假装的）船上，但你不能用手触摸它！

材料：				
绳	销子	木头	盒子	勺子
软木塞	尺子	钳子	铲子	胶带
玩具卡车	晾衣架	回形针	耙子	小扇子

（三）与幼儿协商应对这一挑战

幼儿经常将货物放在卡车上然后推动卡车，用一把钳子或铲子拿起货物，将销子放在下面作为滚轮，用绳子拉货物，或用胶带将物品粘在车轮上，他们还会做出其他许多创造性的尝试。

教师不断地重新调整材料，以便让新加入活动的孩子们仍能保持挑战的新鲜感。教师可能还需要为某些孩子增加新的挑战，比如向伙伴们提出建议或把船放在比码头低的位置或更远的地方。有了这些变化，孩子们必须考虑斜坡的倾斜度和斜坡延长的距离，并关注到更复杂的物理学概念。

将可能不合适的材料并排放置可以丰富心智训练的环境，特别是当教师计划通过提问和邀请幼儿以新颖的方式使用这些材料（如"我看到有人把两辆车连在一起"）来获得各种不同的回应时。教师需要发现孩子们对材料的创造性使用方式，并利用她从某个孩子身上学到的东西来挑战其他孩子的思维。这里有一个例子:"凯特用风扇移动了一盒乒乓球。但她无法让那盒黄铜管移动。我想知道把你的方法和她的方法结合起来会不会有用。"如果有可能的话,教师会把简单的物品放在类似的、更复杂的物品旁边,例如将滑轮放在绳索和原木旁边,或者将使用电池的手电筒放在人力摇晃充电的磁力手电筒旁边。

与孩子们一起工作时,教师会提供所需的指导(如组装滑轮)或组装更复杂的系统(如双滑轮或三滑轮)以保持挑战的吸引力。当孩子们开始测试各种用品时,教师会观察他们的方法,并邀请他们修正挑战过程。例如:

"你们两个似乎正在研究类似的想法。你们想怎样合作?"

"好的。这样移动很容易。如果码头没有空间,让船停泊在那边的港口怎么样?""如果货物在地下室,必须通过斜坡往上移动怎么办?"

"这里有台风扇。它可以怎样帮助你解决'推'的问题?"

教师遵循复杂性的本质,对幼儿的持续兴趣、受挫程度、坚持倾向、风险承受能力和处理分歧的能力进行评估,根据评估结果会把任务变得更加复杂。

此外,纸袋、小盒子、胶水、各种彩色铅笔、马克笔、蜡笔、水彩、沙子和其他从海边收集的自然材料都可以用来做打包材料。教师可以邀请孩子们将其中一件货物打包"运出"并带回家。清晰的挑战和项目的性质都会随着孩子的年龄、时间跨度以及环境限制等因素而发生变化。大一点的孩子可能会根据形状剪下纸板并将其折叠成特定的盒子来装货物,而小一点的孩子可能会在纸袋上画下货物的图片。

（四）教师与家长的互动

除了需要将课程的概念性观点作为沟通的背景之外，教师还需要学习与家长沟通的技巧，采用尊重的方式能够帮助家长了解以儿童为中心的课堂的意图和效用。通常，渴望帮助孩子的家长会在不知不觉中出于他们自己的想法而不是孩子的观点来为他们的孩子解决问题。教师可以向家长介绍自己的工作，这样家长才能明白这样做是有意为之的。

"我给了你的孩子一些销子、滑轮和轮子，还询问了他（她）会如何使用它们。"

"我鼓励你的孩子尝试那些我怀疑行不通的事情，然后让他自己去发现。有时他让我感到惊讶，他会用有效的方式使用这些材料！"

请注意，在这些例子中，教师解释了她如何与幼儿协商应对挑战，但她没有提供解决方案。教师还请家长描述当幼儿在家里遇到挑战和不确定的因素时是如何表现的，并从家长的角度来学习。我们称这些关系为互惠关系。

（五）新教师的笔记

在下面的这篇小短文中，幼儿园教师坎普（Camp）老师回顾了自己作为一个成人，在一次教师教育的课堂上与同伴们一起"接受"运货挑战的参与过程。

有一天，我们要解决运货挑战。这可不是什么普通的问题，而是一个能够用各种常见材料且以多种方式来解决的问题。最令我记忆犹新的，是当时需要建造一个滑轮，从而把物体抬到桌子上的不同位置，高度差大约是60厘米。为了解决这个问题，我们有许多不同的材料可供选择和使用。除了滑轮之外，其他材料都是常见物品，包括线、玩具卡车、绳索、剪刀、吸管、回形针等。这个问题很有挑战性。环境也令人舒适且具有支持性。我们知道教师会在那儿用问题引导我们朝着正确的方向前进。她永远不会告诉我们，我们是否偏离主题或没有遵守规范；她只会向我们提问，直到我们意识到自己出了什么问题。

我发现恰当的提问是一门技术。通过适当的模式，我可以学得更好。解决此类任务的结构和格式可以变成某种标准。第一分钟左右通常是安静地思考的时间。我记得我在想："我们真的能造出这个吗？我们可以使用那边的哪些材料？一根吸管……我们如何用吸管来建造我们的滑轮系统？"这一天，每个小组成员都开始一个接一个地提出自己的建议，我们会根据他人的想法来改进我们设计的结构和功能。几分钟后，我们迫不及待地开始了。我记得最清楚的是那个滑轮问题，因为正是在这节课上，我通过行动认识到了实践中的合作学习的力量。

体验它才能了解它

我在许多本科生和研究生的课程中都曾阅读并讨论过这个概念，但直到那一刻我才觉得我成了真正意义上的合作学习的一部分。我认识到小组作业和"合作学习"之间的区别。我和我的小组成员都觉得能够自由地传达意见并尝试新事物。没有竞争感，也没有闲坐一旁让其他人工作之感。问题和项目设计非常令人兴奋和具有挑战性，以至于我们都想参与其中。关键是：确保提出的问题具有挑战性和趣味性。教育者需要努力工作和准备的是：设计一个问题来保持学生的兴趣。这样的准备工作似乎令人紧张，我从没想过可以在我的课堂上如此高效和流畅地推进基于问题的学习。但后来，我在自己的课堂上取得了另一个突破。

渴望分享

每个星期，我都迫不及待地想去上课，去看看我们接下来要设计什么。我很想参与未来的挑战并期待上课。我扪心自问："我的学生中有多少像我期待我的大学科学课一样期待着科学课？"我想让我的学生感受到我对科学、调查和自我发现的感受。所以，我在一堂关于混合物和混合物性质的科学课上尝试了一下。这节课的设计目的是让学生探索混合物，并确定混合物是否可以被分离回混合前的最初状态。（他们其实是可以做到的。）好吧，现在是科学时间，我迫不及待地想看看会发生什么。

抓住机会

我为每组学生提供了一个带塑料盖的罐子、沙子和小鹅卵石。我让一组学生用沙子和鹅卵石做成了混合物，并给出了问题。"用这个教室里的任何东西，你可以怎样分离这个混合物？"由于这对他们来说很新鲜，所以我听到了很多"啊？"和"我不明白"这样的质疑声。

事情开始发生了

然后，就像在我的教师教育课上那样，一个学生在小组内发言，然后其他人开始吸取他人的想法，随后开启头脑风暴。我在自己的课堂上看到了合作学习的实际效果，并感到非常惊讶。几分钟之内，教室里就充斥着科学词汇和学习氛围！

一组学生在塑料盖上打孔，然后像摇胡椒瓶一样把沙子从罐子里抖出来。鹅卵石则留在罐子里。

另一组学生从窗户上取下纱窗，开始通过纱窗筛出沙子。鹅卵石留在纱窗上面，沙子则落入纱窗下方的碗中。

还有一组学生摸索了好长时间，才开始从沙子里挑出鹅卵石。每个小组成员都有一堆沙子供他们"挑捡"。这种方法虽然费时，但却是他们的分离方法，没有一种分离方法会被标记为"错误"或"不正确"。

在推进这次活动的过程中，我感到非常惊讶。因为它确实有效！我之前并不认为它会如此流畅地落实到位，但孩子们确实喜欢这种设计工作，并在不知不觉中谈论科学术语和概念。每个小组都互相分享自己的方法。我没有看到有任何人表现得无聊或被孤立。

展望未来

从那天起，我就开始在我的科学课中尽可能多地融入基于问题的学习。随着时间的推移，我能够在前几年的问题的基础上加入更多内容。我一直为孩子们的参与度以及课堂中基于问题的学习如何使学生和教师作为学习者受益而感到惊讶。

三、在自然中学习

除了课堂上基于问题的学习之外，教师还需要在课堂外为儿童提供基于自然的学习。户外时间对儿童健康和幸福的重要性是当前专业人士讨论和关注的一个话题。许多文化因素导致我们进入了一个儿童在户外的时间比过去少得多的历史阶段。对陌生人的恐惧、高度规划的娱乐活动、电子媒体以及长时间工作和兼职多份工作的父母等因素，都会减少儿童户外活动的机会。有人认为，户外时间不足是儿童注意力缺陷障碍、肥胖症和抑郁症发病率上升的一个因素（Louv, 2008），而增加儿童的户外时间可以相对减少这些问题的发生（Faber Taylor, Kuo, & Sullivan, 2001）。

摩尔和黄（Moore，1999；Moore & Wong，1997）认为，与儿童一起进行园艺活动是一种疗愈活动，学校和各种组织都可以发起。儿童与自然网（The Children and Nature Network）分享的研究结果则直白地表明，"自然对儿童有益"（Charles，2009，np）。该组织的愿景和使命是为世界各地的儿童提供广泛的机会，让他们直接体验自然，让儿童与大自然中的欢乐和课程重新建立联结，这是大自然对儿童身心的巨大馈赠。

洛夫（Louv）是儿童与自然网的主席，也是名著《林间最后的小孩——拯救自然缺失症儿童》（Last Child in the Woods: Saving Our Children from Nature-Deficit Disorder）的作者。他评论道：

我们会不会是最后一代拥有这样的记忆（孩子独自到树林里玩耍被认为是正常的并被期待的事）的人？如果当我们离开地球时带走了这段回忆，会对我们这一代人产生什么影响？或者，我们可以选择成为力挽狂澜的一代。（2010.01.07，np）

著名生物学家和学者蕾切尔·卡森（Rachel Carson）曾撰文阐述我们所处的生态系统中的微妙平衡，她强调人类需要以尊重、非侵扰的方式研究各种形式的自然。她最为人所知的事情是她对杀虫剂的影响的细致研究，以及她在遭到化学公司持续不断的猛烈攻击时仍然勇敢地呼吁谨慎和有限度地使用杀虫剂。她呼吁人们以不破坏我们自己或其他生命的方式，生活在美丽、和谐的大自然中。她提出，保护我们的世界的关键是看到并欣赏它的神奇之处。

孩子的世界是新鲜的、崭新的、美丽的，充满惊奇和兴奋的。不幸的是，对于我们大多数人来说，那种清澈的眼光，那种对美丽

和令人敬畏的事物的真正本能，在我们成年之前就变得黯淡甚至消失了。(1998/1962, p. 54)

在蕾切尔·卡森的世界观中，教师需要帮助幼儿保持和发展他们已经拥有的东西——对大自然的敬畏。因此，教师可以帮助孩子们参与各种对自然的调查，无论是在室内还是室外——但至少有一部分时间是在户外，从而帮助他们学习科学和保护环境的必要性。

大自然无处不在——无论是在农村、郊区还是城市环境中。无论是混凝土人行道上的一条裂缝、种植床的进口土壤，还是大片未开垦的土地，都会有植物生长、昆虫生活、鸟类飞翔以及其他的生命活动。植物、昆虫和鸟类的种类取决于其所在的环境。在校园周围探索自然亦是一种将儿童与自然联系起来的方式，这种方式能够促进儿童对自然的欣赏和理解。大自然并不遥远——它每时每刻都在我们的身边。我们需要留意、关注才能看到它。在本书中，我们研究了如何培养孩子寻找自然和观察自然的能力，并建构了关于这方面的理念。一次简单的步行可以变成寻找巢穴的狩猎：鸟巢、蜘蛛网、蜂巢、树洞、裂缝、一堆堆的灌木、成堆的岩石、地上的洞以及水坑——所有这些都是某类动物的家园。儿童和教师可以拍摄大自然的照片，并写下他们的故事。班级和家庭成员均可一起阅读或欣赏照片。

美国国家野生动物联合会有一个项目，在这个项目中教师可以将校园改造成经过认证的野生动物栖息地（National Wildlife Federation，2011）。无论你有一个小型的城市运动场还是有数亩的自由空间，你都可以创建一个花园，为野生动物提供食物、水、藏身处和养育后代的场所。因而，你可以为恢复野生动物种群或保护学校附近的野生动物贡献自己的力量。

四、有意识地参与

带孩子们到户外后,教师可以通过两种方式扩展科学课程:超越学校生活和进入其他学习领域,如数学、音乐、读写、社会性学习、艺术和运动。孩子们可以学会以向上、向下和直视的方式看到不同的生命形式和生命活动。孩子们可以通过艺术、音乐、动作、文字、电影或照片的形式表征他们所看到的东西。他们可以比较和对比鸟类的颜色、特征和叫声。他们可以将关于鸟类、树木和植物的指南读物带到户外,并通过检索指南读物来识别他们所看到的内容。他们可以用双筒望远镜或手持镜仔细观察他们最喜欢的物种或树叶、树枝。孩子们可以在花盆或花园中、在不同的条件下播种、育芽和种植幼苗。

在坎普老师的课堂上,一组学生想知道用植物染料染成红色、蓝色和紫色的水浇灌他们的植物是否会使植物变成红色、蓝色或紫色。每天早上,孩子们都迫不及待地来到学校,想看看昨晚发生了什么。孩子们通过思考和讨论他们正在做的事情来学习。这就是有意识地参与,这也是坎普老师策划、培养和维护的内容。

有意识地参与是所有儿童所有课程计划中唯一共通的目标。话题、概念、课堂、孩子、教师和家长在其他方面都有可能不同,但每个人聚在一起的一个原因是:在课堂和社会性环境中,有意识地参与探索对学习共同体中的学习者们有价值的内容。

"课程计划"这一术语通常让人联想到这样一幅画面:一位教师和一群学生在一段时间内达到某个特定目标。然后,课程切换到另一个主题,并使用另一个课程计划达到另一组目标。这种结构可能是许多富有成效的学习环境的特征，但也可通过其他方式来思考如何在幼儿园或学前班教室里安排一天的时间。如果教师对整个课程的总体目标有清晰的认识，她就可以在回应孩子们的陈述和询问时，超越许多课程的目标，使课程目标的排列呈螺旋式上升并建立其相互之间的联系。

课程可以分成若干学习单元，教师可以跨越不同的学术领域并在不同的时间段整合学习单元。这种结构可能导致儿童在更短或更长的时间内，以全班或较小的小组，同时或在不同时间段进行多学科调查。例如，当坎普老师将自然研究融入读写单元时，她的学生将自己的小树枝与周围的高大树木进行了比较，从而提高了写作技巧。在教案中，坎普老师将这项活动编入读写能力发展和科学学习。

五、一堂课就像一段旅程

埃莉诺·达克沃斯（Eleanor Duckworth）是让·皮亚杰的学生，也是皮亚杰的一些著作的翻译者，更是一位杰出的教育家，她为教学领域做出了巨大贡献，尤其是在教授幼儿科学方面。她的大部分工作侧重于更好地理解教学和学习这两个方面：研究现象以及与研究这些现象的其他人合作（Duckworth，1996）。她以同样的方式为教师和儿童授课，以此作为一种研究机会，用来研究现象及与他人分享新认识。

与其他那些将教育视为根植于相互尊重的努力的教育工作者类似（Malaguzzi，1993a，1993b），达克沃斯创造了一种学习环境，在这种环境中，学习者之间的观念分享成为扩展和完善想法的基础。

教学就像是教师与学习者一起开始一段旅程，在这段旅程中，教师要创造适合学习者和学习情境的策略。教师在教学过程中需要不断调整课程——

无论是已出版的课程、自行开发的课程还是通过与学习者互动开发的课程——以适合学习者的学习方式。教师不必勉强改编之前准备的教材以适应孩子们的需要。即使在那些要求教师提供规定教材并为学生参加考试做准备的学校，教师也可以创造出认知自由的环境，并在其中以有意义的、有利于发展的方式进行学习和教学。

这种类型的教学需要教师积极倾听学生的想法，不断地对学生进行评估并调整课程。这些教学实践及新的案例，将会在接下来的每一章中被再次重温。它们在第八章关于动物及其栖息地的单元中、在第十章关于水的单元中以及在第十一章关于植物的单元中都会被重点强调。第十二章和第十三章中会专门讨论需要积极倾听、持续评估和课程协商等教学实践的课程。

下一章"学习的科学"，在一个新的背景下拓展了对幼儿科学教育的讨论——更深入地研究了人们如何学习的"方式"。

第六章

学习的科学

近20年来出现了一个新的研究领域，称为学习科学。虽然学习是一系列极其复杂的事件，我们仍有很多东西需要研究，但也有很多研究告诉我们如何设置地点、空间和时间以最大限度地提高学习的可能性。在无数研究中，美国国家研究委员会分析了其中的数百项，并将其分成两卷出版：《人如何学习》(*How People Learn*)（Bransford, Brown, & Cocking, 1999）和《学生如何学习》(*How Students Learn*)（Donovan & Bransford, 2005），它们对教育工作者至关重要。本书中所建议的科学教学方法和策略，在哲学上与当前人们对学习方式的理解是一致的。

一、儿童逐渐生成的能力

当马克斯的母亲打开烤箱门时，他正在烤箱附近。他感到一股热浪扑面而来。随后，他试图从烤面包机里取出吐司，他的姐姐说："别烫到你的手。"他可能就构建了一条无声的规则，比如："我越接近热的东西，就感觉越热。"后来，在他的学校生涯中，他的老师介绍了地球围绕太阳运行的概念。马克斯将关于地球和太阳的新信息同化到他的旧规则中，即靠近热源总是让你更热，他得出结论——夏天更热是因为地球离太阳更近，尽管结论并不正确。

随着马克斯在学校不断深入地学习,并在他的地球科学研究中取得进步,他可能会遇到新的信息,这些信息似乎不符合他的旧规则——"我越接近热的东西,就感觉越热"。他看到了这种不匹配,并通过改变规则来适应。他可能会把规则改成:"我越靠近热的东西,就感觉越热,除非我离得太远而根本感觉不到它!"因此,这次马克斯并没有将新信息同化到在其他许多情况下都有效的旧规则中,而是反其道而行之,调整他的规则以适应新信息。

二、与原有想法有关的新问题

马克斯对热有一些自己的想法。我们对许多现象都有自己的想法,这些想法都是长期积累起来的;有时这些想法被认为是基于"证据"的,但实际则是基于猜测。又比如,马克斯看到月亮似乎在沿着道路和高速公路跟随他,即使他前往另一个城镇去看他的阿姨时也是如此。观察夜空所感知到的"证据",很难"反驳"这种说法。我们称其为"朴素概念"(Confrey,1990;Confrey & Kazak,2006)。

大多数成人可能已经超越了月亮会跟随他们的朴素概念,但很多人相信月亮会发出自己的光,这是另一个基于局部信息而产生的朴素概念。人们会说手电筒发出明亮的光,而手电筒就是光的来源。人们同样会说月亮发光。而这光似乎就是从月球上来的!朴素概念之所以强大,是因为它们已经被酝酿了很长时间,而且它们是我们不容易改变的"旧"概念。将月光视为太阳光的反射,需要整合许多视角和变量,所有这些都需要月球观察者将理性凌驾于感知之上。所有年龄段的学习者都需要质疑当前想法的机会。

本章的其余部分举例阐述了能够帮助教师达到全美幼教协会（2009）确立的"使用对儿童发展有效的方法"这一标准的知识基础和相关教学策略。

> **使用对儿童发展有效的方法**
>
> 申请者应了解、理解并使用各种有效的方法、策略和工具，对儿童的发展和学习产生积极的影响。

教师需要了解马克斯的哪些想法，才能对他的想法产生积极的影响？

三、学习的两个方面

我们在年幼的马克斯身上看到的是大多数人所说的学习，而皮亚杰对此的描述却略有不同。皮亚杰可能会说马克斯正在调整。调整有两个方面：同化和顺应。当一个孩子对自己的世界以及他在这个世界中的生活的想法对他有意义时，他就是平衡的、和谐的，处于一种认知平衡的状态。当孩子将新信息吸收到现有规则中（即同化），或改变现有规则以便他可以纳入新信息（即顺应）时，他就正在试图达到一种平衡状态。

在皮亚杰的著作中，他对儿童思维的详细观察和测量，支持他得出这样的结论：心智成长是一种儿童对当前的心智结构不断调整和修改的功能（Inhelder & Piaget，1958；Piaget，1932，1937，1947，1965，1981）。这些心智结构是什么？

四、心智结构

皮亚杰的理论认为，心智结构是一组互相耦合的框架，这组框架是人类的思维在成熟的过程中建立起来的，并可以在解决问题的情境中被唤起和使用。皮亚杰将这些心智结构称为图式，也有人称它们为心理技能或心智模型。在本章开头那个关于马克斯靠近烤箱的故事中，我们称其为规则。然而，在本书的其余部分，我们将其称为心智结构。

根据皮亚杰的理论，儿童的学习并不是以心智结构的替代为特征的。相反，学习是在重新加工和重塑当前心智结构的过程中发生的，这一过程在某些情况下会使心智结构更具包容性，在另一些情况下会使心智结构变得更具排他性，而在有些情况下则会使心智结构产生本质上的不同。皮亚杰将这一过程称为反省抽象（reflective abstraction）过程。一个孩子通过反思可将一种心智结构重建为一种更为抽象的结构。

当然，我们看不见这些心智结构。反省抽象的过程也是不可见的。然而，现在看来，神经生物学研究终有一天会将这些心智结构描绘成一组在大脑中激活的相互连接的神经网络。我们知道连接在一起的神经元具有比单个神经元高几个数量级的电导率（Siegel，1999）。当孩子们参与需要将想法连接到新系统的研究时，他们会使用大脑的多个区域，并发展出新的电连接和神经网络，从而真正改变大脑的物理结构。

世界各地的研究实验室都在进行大脑心理功能的成像研究。对这个新领域的进一步讨论超出了本书的范围。但是，随着职业生涯的展开，今天的新手教师可能会遇到令人着迷的新研究，如人类大脑如何工作以及我们今天所谓的"心智结构"如何在明天被描绘成某个非常特殊的电子发射网络。

然而，由于此时此刻大脑的任何处理过程都无法直接被观察到，因此教师便通过分析孩子的语言和行为来推断其大脑中正在发生的事。

随着不断地成长，儿童会发展认知和社交能力。因此，在儿童发展的不同阶段，他们会产生不同的认知和社交需求。这些正在展现的能力是什么？为了培养这些新的行为和思维方式，成人可以满足儿童的哪些需求？

儿童对自己生活中的事件都有理由，无论他们是否表达出来，或者他们能否表达出来。他们给出的原因的性质则会随时间的推移而变化。孩子们对他们所看到的现象给出的原因是什么？这些现象包括在不同的夜晚看到了月球的不同部分，在某个晚上看到星星但下一晚却没有看到，或者在晴天而不是在阴天看到太阳，看着物体掉落、动物飞翔或物体旋转，看到人们生气、表现愚蠢或悲伤。在非常年幼的时候，儿童会认为世界上的一切都与他有关，并且经常受他控制。

一些研究人员称这种思维为"奇幻思维"（Spock，2004）。更多人则称为"以自我为中心"（Elkind，1967）。尽管自我中心主义通常与幼儿期有关，但它遍及所有年龄和各阶段的发展。它在每个阶段都有不同的表达方式，但它仍然会不断重新出现。以下是从儿童发展专家那里摘录的对儿童发展模式中的自我中心主义的简要概述，多年来他们的研究结果一直非常相似（Elkind，1967；Furth & Wachs，1975；Kamii & DeVries，1993；National Scientific Council on the Developing Child，2007；Wadsworth，1989）。

下列概述强调的儿童年龄阶段为3—6岁，这是本书的重点，但概述涵盖了从出生至18岁这一更广的区间。每位教师都需要在某种程度上了解成长中的儿童的典型发展里程碑和趋势，以便成功地与具有不同潜能、性格和资质的不同学习者互动。

（一）安娜：0—2岁

在生命的最初几年，安娜学会了移动身体和抓握，以及从情感上信任他人。在这几年中，她通过操作实物来学习，为自己在学步和爬行方面的新成就而感到自豪，并感觉自己在一定程度上能够控制自己所处的环境。

她需要与成人互动来促进语言的发展，需要有人倾听她想要分享的新句子并回答她的许多问题。她模仿自己感知到的东西，需要成人为她营造一个丰富的环境，并提供爱和不断的互动。

她需要成人为其设定合理的界限、尊重她，同样重要的是，也赢得她的尊重。

在生命的最初几年，随着安娜能够将自己与其他人区分开来，并将自己与其他物体区分开来，我们可以说她的自我中心主义就已经开始减弱了。安娜从她出生的第一天起就是一名科学家。库恩（Kuhn，1989）认为安娜一生都会是一名直觉型的科学家。

（二）安娜：3—6岁

在这几年里，安娜学会了用不同的方式思考，由于她无法将自己的想法与其他人的想法区分开，她的自我中心主义因而断断续续地重新出现。大多数情况下，她认为她的想法总是对的！然而，正如她了解了世界上还有其他人存在那样，她现在也学会了承认其他观点的存在。即便如此，她仍然相信，即使她没有把话说完整，其他人也能够理解她的意思。

在这个时期内，安娜的想法经常在幻想与现实之间摇摆不定。她非常依赖实物，并需要自由来获得动力。她可以排列简单的序列，进行简单的比较，并开始对物品按类分组。

她需要监管而不是干扰，也需要成人来培养她的独立性和创造力。同样，在这个年龄段，她需要成人为其设定合理的界限、尊重她，同样重要的是，也赢得她的尊重。

（三）安娜：7—11岁

在这几年里，安娜学会了按规则做游戏。她想制造和建造东西，了解事物如何运作。她能够掌握数量和长度守恒，还能将物品按类进行一致的分组，并以惯用方式使用"何时""如果""因为"和"所以"。她能在具体问题上运用逻辑运算。

自我中心主义表现为无法区分感知事件和心智结构。安娜不能独立于她的感知进行"思考"。她没有意识到思想和感知之间的区别。她无法探讨感知上不真实的假设（如"煤是白色的"）（Wadsworth，1989）。随着形式运算的形成和反思自己思想的能力的出现，这种形式的自我中心主义就逐渐减少了。

在这几年中，安娜需要来自成人的鼓励，从而培养出她的自尊心。

（四）安娜：12—18岁

在发展的这一节点上，安娜领会了比例，理解了机会，会按照惯用方式使用"如果……那么……"和"要么……要么……"，并有能力注意到其他观点。她会考虑别人的想法，也会考虑别人在想什么。

在这个阶段，她需要成人培养她对更广阔的社会的关心。在青少年时期，自我中心主义的周期循环与7—11岁时期所描述的基本相同。

从前面的叙述中我们可以看出，放弃自我中心主义——也称去中心化——是所有年龄段的儿童学习和发展过程中的重要且基本的组成部分。因此，要创建有利于儿童发展的课堂，教师需要认识和理解儿童去中心化的过程，也就是不依赖自己、超越自身去构建想法的能力。

随着时间的推移，事件发生的原因会不断发生变化。安娜可能为她生活中感知到的事件的原因提供解释，从以自我为中心的、能够控制外部事件的原因，到她仍然可控制的与一系列事件相关的原因，再到她无法控制的原因，甚至可能是不可知的原因。

安娜生活、玩耍和学习中运用到的智力环境、社会环境和情感环境会影响她的思维和行为。由于对她的发展有如此多的影响，以至于在有关儿童发展的文献中经常使用"必要，但不充分"这一术语。健康发展必须具备许多必要条件，但没有哪个单一的条件能充分满足发展所需。

同样，我们发现教师要成为一名熟练的实践者必须了解多个领域，单独了解某个领域是不够的。幼儿教师的专业知识基础必须包括对儿童思维发展阶段的良好运作的理解，儿童通过这些阶段获得思维发展。然而，仅仅了解这些阶段也是不够的。这些知识并不能直接指导实践。一般而言，教师必须能够分析某个特定的孩子的归因和行为，以便有效地创造可以提高学业成绩的环境，对科学课的成绩来说尤其如此。

五、反省抽象与心智理论

我们之前将"反省抽象"定义为儿童对其当前心智结构的不断修正，这是一个贯穿其成长和发展的过程。但还存在另一种结构，它对于讨论思维发展也很重要，为教师们的工作提供了极为重要的信息。它就是心智理论（Theory of Mind）（Premack & Woodruff, 1978），这个术语来自认知心理学研究的一个分支。

心智理论是指儿童的心智能力，即能够推断他人在想什么、理解他人的信念与自己的信念的不同，以及这些信念可能是对的或错的。让我们回到安娜的例子上。当她能够做出这些推论时，就可以说安娜拥有了一种心智理论。正如人们所料，这种认知能力极大地影响了她的社会交往。

人们认为，作为儿童发展的典型表现，做出这些推断的能力出现在幼儿园和小学年龄之间的过渡年龄（通常为 4 岁或 5 岁）（Andrews et al., 2003）。因此，幼儿教师正与处于过渡期的儿童一起工作，这种过渡期会影响他们如何与他人建立关系，如何在智力和社交方面获得成长。也许最著名的心智理论研究是"错误信念任务"。一位研究者设定了这样一个场景：一个男孩将一块巧克力放在抽屉里，然后离开了房间。他妈妈进来，用了一小块巧克力做饭，把剩下的巧克力放在了绿色橱柜里，然后离开了房间。研究人员问参与研究的孩子，这个男孩会去哪里寻找巧克力。

威默和佩尔奈（Wimmer & Perner, 1983）发现：4 岁及以上的儿童认为男孩会在他放的那个抽屉里找；而 4 岁以下的孩子认为男孩会在橱柜里找。年幼的孩子无法将"错误信念"归于那个男孩。孩子们知道巧克力在橱柜里，所以他们把正确的认知转移给了男孩。4 岁以下的孩子还没有建立一个"心智理论"的心智结构，来将不同于自己的认识归于他人，而对于错误的认识——在本例中是旧有的认识——则更难。儿童在 4 岁左右的重大变化已在数百项研究中得到了重复验证（Wellman, Cross, & Watson, 2001）。

六、学习的迁移

安娜对另一个孩子的视角的理解，以及她基于尊重他人的观点而建立社会关系的能力，取决于她不仅拥有如上述研究所示的心智理论，而且拥有语言表达技能，让自己能被人理解。教导安娜的人需要有能力且有权力对她的理解和技能进行持续评估，并相应地调整课程和干预措施。

当安娜把时间花在由熟练型教师创设的知识丰富、培养性的环境中时，她将获得更多机会发展学习社交和学术技能的心理倾向，并形成知道何时该使用这些技能的能力。公平的学习机会往往意味着资源和课程要因孩子而异，但在一个重要的方面是相似的——它们要与学习者的发展相匹配。儿童在具有发展适宜性的环境中学到的技能，可以迁移到他们生活中的其他许多情境中。

从一种环境到另一种环境的学习迁移并不总会发生。有许多研究记录了这些令人沮丧的现实。在 20 世纪 80 年代，有研究报告了"惰性"知识的问题（Bereiter & Scardamalia，1989）。所有年龄段的学生都没有将学校所学到的东西运用到课堂以外的环境中，或运用到不同的课堂环境中。他们的知识是惰性的，既没有活力，也不灵活。最近，皮尤和伯金（Pugh & Bergin，2005）在关于学校教育对学生校外经历的影响的研究中，报告了非常相似的发现：学校学习对校外经历的影响比预期的要小。不幸的是，越来越多的孩子将更多时间花在学习潜力很小的活动上，这样的学习几乎不适用于任何现实世界中解决问题的情境。

> 人们可能会将此称为"波比普（Bo Peep）[1]迁移理论"，并想起著名童谣中的几句台词："别管他们，他们会回家 / 反复背诵他们的故事。"就像小波比普丢失的羊一样，波比普迁移理论假设一个人在任何地方学到的知识和技能都会"回到"它需要的地方。所以就别管它了。没问题的。（Perkins & Salomon，1990，np）

但研究表明，波比普迁移理论不成立。备考性质的课程更为经常地被引入幼儿园和学前班课堂，这创造且凸显了一种主导性的视角，并培养了线性

---

[1] 源自《小波比普》（*Little Bo Peep*），它是一首脍炙人口的童谣。——译者注

思维。对科学课程的一种常见批评是"一英里宽，一英寸深[1]"。低年级学生的科学课通常被证明是一系列周而复始的事实，由简短的、省略片段的、通常不相关的句子组成。在极少数情况下，事实会与"神奇"的实验（由教师而非学生操作）相结合，让学生虽然感到震惊但对实际发生的内容却知之甚少。我们必须提供更好的教育。

我们必须直面迁移问题，并了解人们是如何学习的。弗罗伯格报告了大量证据，证实了意义的构建是一个非线性的、动态的过程。

> 因此，内容/意义的重要性在于学习者自身。作为一种经验的语用能力，幼儿的感知/心理图像反映了他们跨越学科界限寻找联系的能力。这种迁移经验的语用能力包含了社会情感、心理运动、认知和审美经验的整体整合。（Fromberg, 2009, p. 13）

学习是一个非线性的、动态的过程，对早期教育教师来说这样的理解意味着什么？幼儿园和学前班教师可以通过规划空间来促进学习，在这些空间中，孩子们可以体验他们已经知道的内容和他们觉得不熟悉的内容之间的阶段变化。鼓励幼儿对经验进行多种反馈，以及对经验进行多种表征，教师为幼儿从经验中发展出更强、更深刻的意义奠定了基础。让我们探索一些方法，来加深我们为幼儿提供的经验的学习价值。

（一）三条经验法则

我们可以回顾历史，看看多年来帮助教师巧妙地与儿童协商概念的一系列实践做法。以下是乔治·福曼（George Forman）和弗利特·希尔（Fleet Hill）建议教师"钉在墙上"（1980, p. 21）供全天参考的"三条经验法则"，

---

[1] 其意为"只有广度，没有深度"。——译者注

教师们可根据自己的专业判断灵活使用。多年后，凯米和德弗里斯（Kamii & DeVries，1993）的行为研究也证实，当儿童有足够的时间观察并直接做出改变时，他们就会从中获益，而且儿童的经历比成人口头重复描述正在发生的事情更重要。现在，30年过去了，这些做法仍然有效。乔治·福曼和埃伦·霍尔（George Forman & Ellen Hall，2005）的最新研究显示，让儿童参与有关信仰、期望和假设的高水平对话，他们就具有巨大的学习潜力。

法则 #1 "改变而不是交换"。当儿童在物理上改变某个物体的某些内容时，与将单个物体换成另一种物体相比，他们会学到更多关于程序的知识。福尔曼和希尔举了一个例子：一个儿童将一把椅子变成了摇椅（他们称之为物体内转换），而不是分别坐到两把不同的椅子上然后观察椅子之间的不同之处。

法则 #2 "摒弃二分法"。当让儿童思考某个中间项目时，他们更有能力把对立的事物放在一个连续体上，而如果只要求儿童对比两个项目，那么这项任务会让他们将对立的事物视为离散的两个极端。弗里德里克·福禄贝尔（Friedrich Froebel）在100多年前就提出了这个中间项目的价值，当时他建议在儿童用来玩耍和学习的球和立方体集合中添加第三个项目——木制圆柱体。

福尔曼和希尔也赞同引入第三项的重要性，但指出了另一个特征——儿童自己的转变。他们建议儿童把一个黏土球变成一个圆柱体，然后再把圆柱体变成一个立方体。儿童自己将黏土球变成了圆柱体，再将圆柱体变成了立方体，增长了"改变而不是交换"的物体内转换法则经验。

法则 #3 "按好的因果关系来分类"。儿童的行动逻辑是他们今后口语逻辑的基础。通过在自己可控的因果情境中对物品进行分类（例如，当孩子松开物品时，通过物品滚下斜坡的方式来进行分类），孩子们会学到更多。

福尔曼和希尔认为，与学前儿童经常被要求的属性积木块和图卡分类活动相比，这种分类活动更能吸引儿童的思维投入（Forman & Hill，1980）。积木块和图卡的分类是静态的。但是，儿童从自己的研究和行动中得出的因果分类是动态的。

（二）好的对话

在仔细观察儿童当前的行为和陈述的基础上，教师可以用好问题开启好的课堂对话。教师通过倾听和观察儿童，来推断儿童相信、期望和假设的内容。

我们可能会说："看来你认为，如果你把坡度调得更陡，球就会滚得更快。"或者我们可能会说："你是不是认为如果你有蜡笔，你就会有更多的朋友？"但当我们重新审视与儿童在一起的经历并将这种经历用语言表达出来时，我们需要超越观察到的策略，考虑使这些策略合理的理论。"我们必须把省略的句子、缺失的动作或令人困惑的解释、要求及描述背后的含义提取出来。"（Forman & Hall，2005）

这些好的对话是幼儿园和学前班科学课堂学习的精髓：儿童熟练地谈论他们正在发明、发现、寻找和构建的东西。

如果我们能够克制住将儿童放在舞台上的诱惑，我们可能就会发现真正的工作正在幕后完成。如果我们理解了平凡时刻的巨大价值，我们可能就不再倾向于为一个长期项目创造一个精彩的结局。我们呼吁各地的教育工作者在平凡中发现奇迹，寻找平凡时刻的力量（Forman，Hall，& Berglund，2001，p. 53）。

七、神经科学研究

到目前为止本书引用的行为研究与第一章中讨论的神经科学研究相结合，共同为全书阐述的建构主义方法提供了一个令人信服的论点。美国国家儿童发展科学委员会（The National Scientific Council on the Developing Child）强调了本书所描述的学习经验的重要性：

> 大脑结构和能力发展都是"自下而上"构建的，随着时间的推移，简单的回路和技能为更高级的回路和技能提供了支架。处理基本信息的脑回路比处理更复杂信息的脑回路更早联结。较高级别的回路建立在较低级别的回路上，如果较低级别的回路联结不当，那么适应较高级别的回路会更加困难。在构建大脑回路的同时，越来越复杂的技能建立在更基本、更基础的能力之上。例如，理解并说出物体名称的能力取决于早期区分和复制自己母语发音的能力的发展。而将单词组合成短语的能力背后的回路构成了随后掌握阅读书本中的书面句子的基础。简单地说，回路建立在回路上，技能产生技能（National Scientific Council on the Developing Child, 2007, p.7）。

人类的大脑总是随着经验的变化而变化的。诺贝尔奖获得者埃里克·坎德尔（Eric Kandel, 2007）花了数十年时间研究海蛞蝓的记忆，这为我们从生物学层面上理解我们所谓的思维或理解我们与世界的心智互动做出了重大贡献。我们的思维和我们的大脑互相改变。人类在所有领域的经验和关系中的动力作用，实际上塑造了人类生物学（Goleman, 2006）。达马西奥

（Damasio，1994，1999，2003）认为在神经学上情感和理性是捆绑在一起的，而且思维和身体通过生化物质和神经回路不断地相互作用。达马西奥提出，在人脑的前额叶区域存在"汇聚区"，在这个区域中来自大脑各个部位的电信号在此汇聚。他假设，在这个汇聚区发生的事情非常复杂，超出了人类基因的处理能力。他假设，数以万亿计的电荷一定是由我们环境中的经验以某种方式来引导。我们的环境通过加强我们的某些神经元连接和修剪其他神经元的连接来塑造我们的大脑结构。

平克（Pinker，1999，2007）的研究也将作为身体器官的大脑活动与作为持续意识过程的思维联系起来。研究结果表明，让儿童在年幼时参与科学调查，为大脑的发育、心智归因以及对科学学习的积极情绪提供了可行的基础。这听起来像是一个双赢的局面。

虽然神经科学研究和幼儿实践之间不存在线性对应关系，但幼儿教育工作者可以在许多领域采用与当前神经科学方向一致的策略（Marshall，n.d.）。例如，我们知道长时间承受压力会干扰大脑的发育。因此，具有可预测的常规、明确的限制、观点协商和积极倾听的课堂可以成为学习环境的一个例子，这样的环境旨在使压力最小化、使学习效果最大化，因而也符合对大脑发育的理解。与可预测性相比，新奇的事物"可以刺激新神经元的生长——这一发现过了很长时间才赢得科学界的认可"（Siegel，2010，p. 85）。因此，提供与新奇的事物相遇的机会可能是基于大脑的教育的另一个例子。

八、课堂研究

在《幼儿园至四年级的示范科学——基于标准的成功故事》（*Exemplary Science in Grades Prek-4: Standards-Based Success Stories*，Yager & Enger，

2006）一书中，其作者很好地描述了科学调查对儿童产生科学观念概念化的重要性。这本书包含了多个故事，都是关于幼儿园和学前班教师通过观察清单评估学生在达到《美国国家科学教育标准》方面的进展，教师可以通过观察清单关注学生所表现出的探究行为的性质。以下四项措施由幼儿园和学前班教师评估，并由全美小学校长协会（The National Association of Elementary School Principals）总结。

学生是否：

- 产生问题？
- 建立联系？
- 解释结果？
- 表现出理解的证据？（National Association of Elementary School Principals and Educational Research Services，2009，p.1）

这份清单可以指导教师探寻儿童的思维模式，而不是儿童对事实的掌握。

下一章将把我们对儿童科学概念学习的调查带入对公平问题的讨论中。教师如何用欢迎所有儿童进入科学世界的方式，在不同的学生群体中培养科学素养？第七章"人人享有自由和科学"，记录了在多种环境中教师可以使用的有效的方法、策略和方式。

第七章

人人享有自由和科学

我们认为每间教室都是获得自由和学习机会的地方。但是，正如每天在新闻报道中看到的许多令人沮丧的图片所证明的那样，情况并非如此。不幸的是，太多为幼儿提供教育的环境存在着不公平和唯智主义的缺失，针对穷人的教育环境尤其如此（Kozol，2005）。

在贫困社区，专门为考试而准备的课程比起富裕社区几乎可以说更为普遍（Abbott & Fouts，2003），从而进一步使贫困儿童处于不利地位，这些儿童通常是有色人种。但是，每间教室都可以以公平和平等为目标。教师使用以学习者为中心、以研究为基础的方法，虽然明显不能解决社会问题，但可以将国家标准与"大概念"联系起来，用尊重所有学习者的方式，为形成有意义的学习奠定基础。无论是在贫穷的环境中还是在富裕的环境中，都是如此。

本章通过讨论教师如何面对和教导具有多种能力和不同观点的儿童，来阐述全美幼教协会（2009）确立的关于"与儿童和家庭建立联系"的标准。

> **与儿童和家庭建立联系**
>
> 申请者知道、理解并利用积极的关系和支持性互动作为他们与幼儿一起工作的基础。

一、自由的空间

也许并非所有学校都对所有儿童一视同仁，但它们应该做到这一点。教师可以将孩子的各种评论组织成谈话，推动孩子的思维和语言向前发展。

这些教师在教室里实施的课程提供了自由的空间和自由思考的机会，在这样的空间里孩子们努力解决问题并表达他们解决问题的观点。其次，这些教室里的教师在课堂上重复扮演着学习主导者的角色，引导着课堂活动和讨论的方向，以回应孩子们的声音。

为了让不同的声音发挥积极的作用，教师必须能够理解将关于各主题和概念的不同陈述统整为一体化的原理，同时保持学习目标明确，并尊重所有儿童思考的完整性。这听起来像是一项艰巨的任务。它也确实是一项艰巨的任务。但：

> 锻炼自主性和磕磕绊绊总比根本不尝试要好。新手教师在课程实施中练习选择和自主，即使会出现"新手"的错误和缺点，也会创造出一个比他（她）在实施固定安排、按部就班的课程序列时所创造的学习环境更具活力的学习环境。一个动态的课程，即使不完美，也比一成不变的、死气沉沉的课程要好。充满活力的课程带来了开放性、心智探索、不同观点的讨论以及创造性表达的基础。
> （Brooks, Libresco, & Plonczak, 2007, p.755）

教师必须为所有儿童提供机会，让他们深入思考重要的科学概念以及经常伴随他们的社会正义问题。将这些问题引入课堂教学的教师扩大了课程的范围并丰富了学生的学业学习。

神经生物学研究表明，我们可以在课堂上最有效地培养复杂的认知和丰富的学习，在课堂上我们建立了社会规范，让孩子们在探索时互相依靠（Siegel，1999，2001）。孩子们相互依靠的课堂是怎样的？教师根据孩子的能力确立期望，使他们从自我中心的思维中解脱出来，并引导孩子调整自己的陈述以回应前面的发言者：

"所以，听起来你同意詹姆斯的观点，并且认为水会变暖。我们该如何测量呢？"

"有没有人列图表的方式与朱莉不同？"

"我们刚刚听到了将这些数字组合在一起的三个理由。让我们听听那些采用不同计算方式的人的意见。"

正如上面的例子所示，教学是一项对智力要求很高的事业，它需要智力的领导和协调课堂活动的能力。

二、丰富的差异

"课堂可以培养儿童的社会正义感并产生相关的综合性议题——欣赏多样性、促进公平、培养开阔的胸怀、鼓励声音和表达——或者他们也可以压制它"（Brooks & Thompson，2005，p. 50）。

当学习环境聚焦于意义的建构时，许多在较为传统的学习环境中会出现的公平问题就会被避免。当基于种族或民族、英语能力、健康或残疾或者社会经济地位等因素而产生的个体差异被视为学习环境的自然元素时——而不是将干扰最小化或压制问题时——每个学习者就都有机会突破自己，从而获得成长。

在学习环境中,当关注的重点是意义的建构时,思想和行动的多样性为学习环境中的话语增添了丰富性,这是所有学习者都想做的,不论他们的差异或社会资本如何。帮助幼儿建构意义与试图让幼儿说出正确的事情是非常不同的。意义建构的重点是让孩子们揭示他们认为"正确"的东西,并从这一点出发与孩子们一起工作。

三、英语能力有限的儿童

> 科学的学习始于孩子对他的世界的个人体验,而不是其他人的解释。它始于问题,而不是答案;出于发现,而不是被告知;出于蝴蝶和万能工匠[1],而不是书。(Rutherford,1991)

正如人们所能想见的那样,教得好的和教得不好的科学课程差别很大,它们提供的学习机会不同。好的课程总比差的课程好。然而,对于在英语表达课堂上英语能力有限(Limited English Proficiency,LEP)的儿童来说,好的科学课会比好的课程更好。好的科学课程本质上是建构主义的,对现实生活中的问题采用调查方法,这为语言和读写能力的发展提供了一个学习平台,而不仅仅是形成科学概念。

让我们来想象,一群孩子将条形磁铁挂在绳子上并通过观察彼此的磁铁来回答这个问题:"磁铁的末端指向哪里?"通过使用具体的材料,这些孩子在一项有针对性的任务上互动交流、产生信息、分享信息,并采用方法来追

---

[1] 其英文为"Tinker-toys",一种玩具名。——译者注

踪信息。他们发现磁铁都指向同一个方向，这让他们着迷，于是他们会去画画、速写、绘制地图、制作图表、使用手势和说话。所有这些活动都会导致观念和语言的自然发展。科学有很多方面，儿童需要掌握多学科技能。当一个孩子有话要说时，他会找到一种方式来表达。研究称其为"科学意义建构"（Warren et al., 1992），并记录了这种方法对英语能力有限的学习者的价值。

建构主义课堂中的科学是了解物质环境的一种方式，其中包括我们星球中所有非生命的特征，以及包含着所有表现出生命特性的有机体的生活环境。科学具有包容性，自然地融入了语言和读写能力。因此，建构主义课堂以多种方式为第二语言教学提供了全日制的英语环境。教授第二语言（英语）的"教师"就是儿童。所有儿童，不论他们的母语是哪种，都沉浸在旨在提高每个人的语言、读写、数学、音乐、社会性学习、艺术和科学技能的环境中。说英语的儿童可能是英语能力有限的儿童学第二语言的"教师"，但所有儿童，包括英语能力有限的儿童，都是彼此的教师。

同样，使用充斥着多音节词汇、专业词汇的教科书来教授科学课程的效果会很差，对说英语的幼儿和英语能力有限的幼儿所能教的都很少。孵化鸡蛋时，幼儿不需要听到或读到鸡是卵生的。但是，了解一些动物通过产卵并使受精卵在体外发育来繁殖后代，是他们所受教育的一部分。当孩子们看到鸡蛋在没有鸡的孵化器中孵化时，他们就有了这样的一个例子。幼儿不需要读到或听到小鸡是早熟性的。但是幼儿可以亲眼看到小鸡在出生后不久就会到处乱跑。"早熟性"（Precocial）这个词不是词汇发展的必要部分，除非孩子在语言方面早熟并喜欢生僻字。

就学习的迁移而言，重要的是孩子们根据自己记录的观察内容，构建一个可以描述鸡蛋孵化过程的方案。对语言学感兴趣的孩子可能会喜欢学习专门的词汇，在这种情况下，这些单词是有意义的。抄写"卵生"（oviparous）

这个词与科学无关，虽然在许多一年级教室里进行小鸡单元的学习时常会看到这种事发生，但它对于正常发育的幼儿的语言习得来说意义不大。很明显，在任何情况下，早期语言是在特定的语境中发展起来的，在这些语境中孩子们能够理解词语所指的情境。

四、有特殊需要的儿童

所有儿童都生活在一连串连续的力量和需求中，在不同的时间和不同的领域来回摇摆。有些儿童生活在这一连续体的更远端，他们通常被归类为有特殊需要的儿童。本书提供了这样一种观点，将儿童视为处于一个连续体中的学习者，这种观点对儿童的教育相关性和个体尊重程度更高，而不是把儿童分类看待。传统学校的课程设置有一定的范围（教授什么）、顺序（教学发生的顺序）和节奏（教学发生的速度）。有些儿童有视觉、听觉和运动障碍，智力、行为和沟通障碍或学习障碍，这些都使得他们很难按正常范围、顺序和节奏来学习，甚至对某些人来说是不可能的。为儿童调整课程就是我们所说的特殊教育，这种调整基于这样一个前提：对某些儿童来说，学校必须调整课程以适应儿童，而不是反过来。本书认为，用最开放的角度来说，学校应为每个儿童调整课程。

库克、泰西耶和克莱因（Cook, Tessier, & Klein, 2007）提供了许多方法来调整课程以适应有特殊需要的儿童的需求。例如，为了不识字的学生而将带有名字的照片贴在储物小隔间和考勤卡上，调整所有类型的仪器以适应动作技能有限或认知能力低下的学生，将用品放在为视力或听力障碍者准备的排序盒中，以及为语言表达能力有限的儿童提供简单的情绪图卡或要求图卡。其中的许多建议在整个年龄段均适用于正常发育儿童和非正常发育儿童。

据说，能够使发育正常或迟缓的幼儿受益的课堂结构符合通用生活设计（Universal Design for Living，UDL）理念，该理念提供多种表示、表达和参与的方式。通用生活设计是一种通过为青少年提供各种参与、学习和分享的机会来呼应学习者差异的方法。戈登、格拉韦尔和希夫特（Gordon, Gravel, & Schifter, 2009）提供了一个引人入胜且易于理解的例子，列举了许多汽车中的 GPS[1] 系统如何利用通用生活设计原理来帮助人们到达目的地的例子。其他新兴技术允许教师将某些课程材料定制为数字、盲文、大号文本或音频。美国国家通用学习设计中心（The National Center on Universal Design for Learning）（Center for Applied Special Technology，2011）用通用生活设计内容补充了其网站上的选定文章，其中包括以视觉和大纲形式呈现的相关概念的超链接。罗斯和韦威（Rose & Vue, 2010）建议，帮助所有学生学习并取得成功，不仅需要对学生进行干预，还需要使课程和材料更具生成性和包容性，而这正是本书向教师们展示的内容。创设限制最少的环境，能够自然地营造出为所有儿童提供便利的场地。

（一）从分类到连续体

特殊教育共同体中的心理学家、社会工作者、管理人员和教师花了大量时间，用标签和对缺陷或残疾的描述来记录儿童的各种行为。了解缺陷的性质是教育者制定回应性教学策略的基础。然而，连续体视角的分类方式将所有学习者都置于对儿童需求的讨论中，无论其缺陷程度或天赋如何。

所有儿童都通过他们的感官来与他们所在的世界互动，无论他们的感官是高度协调的还是有限的。所有儿童都根据他们通过感官收集到的信息来寻找他们世界中的意义，无论这些信息是广泛的还是狭窄的。所有孩子的行为都基于他们对自己世界的构建，以及他们能够表达自己的内容、方式和时

---

[1] 其全称是"Global Positioning System"，指全球定位系统，又称全球卫星定位系统。——译者注

间。这就是人类。

> 孩子们是天生的科学家。他们做科学家所做的事，可能只是出于一些略有不同和不太自知的原因。他们渴望像成人一样了解世界。他们周围是一个非常有趣、充满刺激但相当令人困惑的世界。然而，许多成人已经学会了忽略这个世界的某些部分，而不是去调查它。年幼的孩子则很少忽视。他们非常好奇；他们不断地提出问题。他们愿意去观察和探究这个世界。（Worth，1998，p.25）

（二）提供场地

如果要让孩子们以他们的身体和大脑允许的方式观察和探究他们的世界，那么所有孩子的教师都需要为学习者调整课程。在本书中，我们称这个过程为课程协商，并将建构主义课堂的产生描述为与各种能力水平的学习者协商课程的过程。建构主义科学课堂支持有特殊学习需求的儿童和具有超常学习能力的儿童，因为教师会调整她的教学，以适应内心正在崭露头角的小小科学家们。

在前一章中，我们讨论了心智理论作为一种发展中的认知能力，极大地影响着社会互动。哈勒和泰格-弗拉斯堡（Hale & Tager-Flusberg，2005）、阿斯廷顿（Astington，1993），以及阿斯廷顿和贝尔德（Astington & Baird，2005）认为自闭症涉及儿童在新兴的心智理论上的缺陷，从而解释了自闭症儿童为什么通常会采用有限的语言和交流模式。有了这些认识，教师该如何促进自闭症儿童的科学学习呢？

教师可能会提供图片和三维立体材料，以便为孩子们提供一个现成的途径，让他们可以使用这些图片解释他做了什么或者正在做什么。

全波段光谱、无闪烁灯泡和吸音材料可以让一些对噪音和闪光高度敏感的孩子平静下来,从而使他们更容易专注于一项任务。

一些年幼的自闭症儿童不能同时处理视觉和听觉输入信息。教师可能会在没有语言的情况下展示或模拟一项活动,然后与幼儿进行近距离的眼神交流,而不提供其他刺激。对于不能轻易区分硬辅音的幼儿(自闭症儿童就通常很难区分),教师可以在她说话时拉长自己的辅音发音。

这些是教师在了解学生的确切需求后,可以在课堂上做出的许多调整中的一小部分。

五、协作环境

教师如何提供创造性、协作性的环境,以吸引不同的人参与?它始于了解班级幼儿的科学思维和发展需求,然后根据这些了解选择合适的课程资源和教学方法,用提高和挑战他们的发展水平的方式吸引儿童参与。

让我们使用一个关于动物及其栖息地的课例来说明区分材料和教学的一些基本方法。

- 教师提供带有图片的书籍和有各种抽象内容及细节描写文字的书籍。
- 家中和喂养区中真实动物的照片可以为一些孩子提供进一步的学习机会,而需要更高层次的抽象和具象思维的地图和图例则能够为其他孩子提供进一步的学习机会。
- 教师可以在图书区提供资源供幼儿自主选择,或者在图书区对资源进行分级和标记以引导幼儿进行选择。
- 教师还可以召集各组学生一起进行教学,使用针对特定儿童和学习目标而预先选择的材料。

差异化的材料和教学可以帮助教师在课堂的社会互动中释放幼儿思维的

力量。差异化的材料和教学可以帮助孩子们在混乱中找到秩序。事实、数字、时间、事件和现象叠加在一起，都会造成混乱，除非孩子们开始寻找他们不同世界的各个部分之间的联系。事实（诸如动物或花卉的不同部分的名称），除了用于考验孩子判断这些部分的作用之外，没什么意义。那些仅针对事实的课程通常以一组新词结尾——这没什么意义，儿童也没有真正使用这些词的机会。

同样，让儿童在不参考任何实物的情况下学习数字加法的课程（如4＋3＝7），通常并不能培养出儿童进一步的能力来解决诸如"有7个孩子需要铅笔，如果每个盒子里有2支铅笔，需要从柜子里拿几盒"这样的问题。孩子们只有在遇到需要解决的问题时，才会开始明白什么是重要的、什么不是重要的。创设具有发展适宜性的问题情境，是课堂吸引不同的年轻学习者参与的方式。

六、学习内容

儿童建立概念的情境影响着儿童学习的深度和可迁移性。情境在幼儿的认知和社会发展、学习科学概念和运用他们的所学方面起着至关重要的作用。幼儿园和小学儿童需要以每日的"常见"事件为背景，以便感知和构建有关他们的世界的模式，从而为全面的科学素养提供信息。

强化数学、科学和技术原理的富有成效的时间有很多，其中之一就是花时间阅读和探索儿童绘本。从这个角度来看，任何课堂活动都可以成为跨学科的调查活动。例如，《水之舞》（*Water Dance*，Locker，1997）的水彩画和诗歌可以为天气单元、水的特性研究单元或对物质变化的调查单元增添一个新的维度。同样，幼儿对水的原理的新认识可以促进幼儿理解储物柜里书的流动。

研究与水相关的概念，并将该研究与诸如《水之舞》之类的图书联系起来，这也许比较容易，因为主题是相同的——课程和图书都讨论了水。即使科学与图书的联系不那么明显，也有很多方法可以将优秀的儿童文学纳入科学概念的研究中。例如，当孩子们研究阴影、云彩或天空时，《与此同时》（At the Same Time，Tirabosco，2001）或许是一本有趣的书。孩子们可以将书中的图片和文字，与他们测量阴影、追踪一天中的时间、描述云彩或观察天空颜色变化的研究联系起来。

所有这些让我们对周围的现象变得更加敏感的机会，不仅是建立科学概念并将其与文学联系起来的机会，而且是发展写作技巧的丰富机会（Hapgood & Palinscar，2007）。对于年轻的思考者来说，可以使用多种写作形式——图表、流程图、标题、笔记等。将写作作为科学和创造性思维的工具，将文字和科学联系起来，可以从整体上促进儿童在童年期的学习。

提供多样化的、让孩子们能接触"相同"的概念的情境，可以为更多的学习者提供更多的学习机会，从而创造出更公平的社会环境。教师如何将日常事件转化为潜在的科学体验的其他例子还有很多，包括邀请孩子们：仔细观察图片中叶子上的水滴（见图7-1），观察窗户玻璃上的水珠将水珠折射成彩虹映在房间的墙壁上，将漂浮在水罐中的冰块与他们上周看到的图片中的冰山联系起来，以及确定纸巾吸水的速度比毛巾吸水的速度快还是慢。在下一章中，我们将探讨教师针对不同学习者设计差异化课程的能力，不仅与教师对学习者的理解密切相关，而且与教师对课程内容的理解有关。

图7-1　叶子上的水滴

第八章

协商科学课程

儿童对知识的主动构建其实是一个互动过程，它由社会交往来推动，教师在其中扮演着关键性的角色（DeVries & Goudsblom，2002）。这个角色是什么呢？我们如何帮助儿童"放弃"那些行不通的旧观念，代之以行之有效的观念？那就是，我们需要协商课程！

只有当学习者试图将新的想法和信息与旧的想法和信息相匹配，并因无法匹配而感到困惑时，他们才会改变信念。教师在帮助儿童"改变他们的想法"方面的角色，即教师在促进儿童形成新概念的过程中的角色。孩子们进入学习情境，不是为了让教师"修正"他们的思维，而是为了让教师创造互动环境，让孩子们在其中改进自己的想法。

本章着眼于全美幼教协会（2009）确立的"构建有意义的课程"这一标准，对一些样本课程进行了描述并分析了教师引导幼儿参与分类、表征和关系思考的程度，这些内容都是幼儿期基本认知发展的里程碑。教师如果能提供多种机会，让幼儿参与各种科学领域的智力活动，就能提供有意义的课程。

> **构建有意义的课程**
>
> 申请者运用自己的知识和其他资源来设计、实施和评估有意义的、具有挑战性的课程，以促进所有幼儿的全面发展和学习成效。

一、有意义的课程

只有在教师理解幼儿的思维方式，且课程与幼儿当下思维方式的范围相一致的教室里，有意义的课程才能存在。教师必须问自己：为了成功地参与课程任务，孩子必须采用什么样的思维方式？

有时，在有意义的课程中，教师只关注了幼儿的兴趣，而忽略了其他关键因素。有时，教师想要涵盖太多的科学课程，以至于他们使用的教师用语很少促进科学学习。在试图提供与幼儿的兴趣相关或与课程指南一致的有意义的课程时，教师可能会错失课程与儿童当前思维的发展性关联，进而发现自己教授的科学课程几乎没有多少科学内容。

二、设计更好的科学课程

让我们看看两种不同类型的科学课程。首先，我们将看到斯潘塞（Spencer）老师的幼儿园"北极熊"课程所引入的智力参与类型。紧随其后的是斯潘塞老师在某天中的一段摘录，在这段摘录中她教授了一节课，她将这节课设计成阅读一本关于生活在寒冷气候中的动物的图书的后续课程。我们将看到课程对发展的要求与学生不匹配。本章将继续探讨斯潘塞老师如何重新组织课程,以包括更多真实的科学和数学学习机会。

(一)与发展脱节

斯潘塞老师的开场白听起来像是一个实验的开始,但这根本不是实验。请注意,在孩子们试图找出答案之前,她就告诉了孩子们他们将要找出的答案:

北极熊的皮肤实际上是黑色的,而不是白色的。它们生活在一个非常寒冷的环境中。黑色的皮肤是极好的吸热材料。而北极熊的皮毛是透明的。它们看起来是白色的,是因为它们的皮毛反射了雪产生的白色的光。今天我们要来展示黑色比白色更能吸收热量。

然后,斯潘塞老师发给孩子们温度计,并告诉他们把温度计放在黑纸和白纸下面。她打开纸上方的灯,让孩子们等待 5 分钟。请注意,该实验是斯潘塞老师设计的。

不到 1 分钟,哈利利亚和本就去了房间的另一个角落,大卫和汤姆反复翻起纸偷看温度计中的"红色东西"发生了什么变化,威尔和玛丽因大卫和汤姆"搞砸"了他们的实验而大喊大叫。斯潘塞老师所提供的该课程中,这些儿童的行为没有任何智力上的参与。斯潘塞老师召集所有孩子来听她的结论,而不是孩子们的结论。

看看这个温度计!黑纸下的温度比白纸下的温度高。我们刚刚证明了黑色的东西是极好的吸热材料。我们现在知道为什么北极熊的皮肤是黑色的了。它们的黑色皮肤能在寒冷的环境中吸收热量。

大卫和威尔将他们的手臂放在一起,比较肤色。皮肤白皙的威尔问肤色较深的大卫热不热,大卫问威尔冷不冷。本和哈利利亚则跑到门口迎接走进房间的助教。斯潘塞老师让孩子们重新聚在一起,然后揭示了北极熊的另一个特征。

它们有一层厚厚的脂肪层,也称为肥肉,可以用来保温。这有助于它们在寒冷的北极气候中保持温暖。

斯潘塞老师分发矿物油,并做了以下说明。

用矿物油涂满一根手指,然后将干燥的手指和涂满矿物油的手指放入一杯冰水中。让你的伙伴看看你的两根手指可以在水中待多久。

几分钟后,她告诉孩子们:

这个实验表明了脂肪层对于北极熊保暖有多么重要。

上面的课程用意良好,但误入歧途。斯潘塞老师:(1)计划的课程与班级儿童正在发展的技能联系太少;(2)用脂肪层的活动扩展课程,却没有进一步指明课程的第一部分(即温度计活动)所形成的她所预期的概念;(3)替孩子们思考,而不是为他们提供独立思考的机会。

理解北极熊皮肤和北极熊脂肪层的活动中所蕴含的概念需要一定程度的去自我中心,而斯潘塞老师班上的孩子们在完成任务时并没有做到这一点。在本节课的活动中,斯潘塞老师假设孩子们"相信"黑纸是北极熊的黑皮肤,矿物油是北极熊的脂肪。把东西藏在不同颜色的纸的下面是非常奇怪的行为,在手指上涂满矿物油更是一种动觉狂欢。因此,尽管孩子们顺从地遵循指示,但是他们理解关系逻辑吗?由于课程中没有安排机会让孩子们分享他们的想法,因此斯潘塞老师没有机会去找出答案。

（二）错失良机

在有关北极熊脂肪层的活动中，斯潘塞老师解释了北极熊有脂肪层的原因："这个实验表明了脂肪层对于北极熊保暖有多么重要。"她因而错失了让孩子们思考先导问题的机会，这个问题是："总之，是什么让北极熊在寒冷的天气里保暖？"由于没有让孩子们对所观察到的事表达出自己的理由，斯潘塞老师错过了发现孩子们正在建立何种联结的机会。如果孩子们没有看出他们桌上的矿物油和北极熊的脂肪层之间的关系，那么这节关于北极熊的课就毫无意义。

在不同颜色的纸的活动中，斯潘塞老师不仅解释了北极熊有黑色皮肤的原因，还阐述了黑色皮肤的工作原理："既然我们现在证明黑色的东西是极好的吸热材料，我们就可以理解为什么北极熊有黑色的皮肤，以及在寒冷的环境中吸收热量对它们来说有多么重要。"同样，她在替孩子们思考，而不是和他们一起思考，并希望孩子们相信她对证据的解释。

（三）蕴含真实科学和真实数学的科学课程

让我们改造一下这节课，让孩子们有机会提出自己的问题、设计自己的实验、决定收集哪些数据来帮助回答他们自己的问题，并决定如何分享他们的发现。

科学为学习、使用和练习数学技能提供了理想的环境，而数学技能对科学领域的成功来说至关重要。让我们利用关于北极熊的课程培养儿童使用技术和工具来解决问题并进行测量的基本技能。我们首先要让孩子们有机会思考温度计上的数字和刻度线。"较高的红色柱"或"较低的红色柱"分别意味着什么？在这堂新课中，孩子们需要阐明他们观察的理由。

暴露在热源下，黑纸和白纸下的温度明显不同。观察差异可以促使孩子们提出能引发许多调查的重大问题。但是，直到升入小学高年级之前，读取带刻度的温度计是一项令许多儿童感到畏惧的技能。那么，我们如何开启学习过程呢？

（四）"读取"温度计

考虑以下问题：如果你有一个问题，而这个问题是温度计可以帮助你解决的，那么温度计就是一个很好的工具。如果你想知道在阳光明媚的日子里，在黑色纸片下是否真的比在黑色纸片上更热，那么你需要一个可以帮助你测量"热度"的工具。如果你相信温度计可以测量"热度"，那么它是解决测量问题的好工具。它可以为你提供你想要的数据。

上面这段话包含着逻辑推理和解决问题的证据。孩子选择温度计作为合适的工具来开展工作，他就开始理解温度计管内的变化意味着什么，同时，她"读取"这些变化的能力也是基本的学业和生活技能。因此，与其在斯潘塞老师读取温度计时让孩子们在旁边看着工具，不如把工具交给孩子们，同时聚焦于一个重要的观点："当'热度'上升时，温度计里的红色液体也会上升。"有了这条指导意见后，再请孩子们看看在阳光明媚的日子里，黑纸底下是否确实比黑纸上面更热。

学习阅读温度计上的不同刻度线是以后的事情。实际上，在每节课中，孩子们的行为和言论都会告诉斯潘塞老师，何时他们已经准备好进行更精确的学习了。

（五）给北极熊的脂肪层"建模"

我们还可以重新组织课程，让孩子们找到一种方法来证明脂肪层可以防止北极熊在冷水中受冷。在一次与斯潘塞老师的讨论中，威尔告诉他的同学，"我看了一部用水中呼吸器潜水的电影。也许脂肪层有点像他们穿的那套衣服。"威尔的陈述是了解他想法的一个窗口。他揭示了他所认为的潜水服和脂肪层之间的某种关系。

本和哈利利亚不认为矿物油是脂肪层的模型。尽管如此，他们还是为自己研究矿物油的特性和自己的手指在冷水中的特性而感到兴奋。为了设计实验，本或哈利利亚会回答引起他们兴趣的问题。本会问："我能够让我那涂满矿物油的手指在冷水里泡多久？"而如何得到他提出的问题的答案，则由本自己来决定。哈利利亚想知道如果将戴着雪地手套的手浸入冷水中，手指在手套中会是什么感觉。在这些互动中，我们看到本和哈利利亚开始进行与斯潘塞老师不同但相关的探索，斯潘塞老师追随孩子们的引导，而孩子们则投入地探究自己熟悉的戴手套任务、涂油膏或乳霜的任务。

威尔和戴维认为矿物油是脂肪层的模型，而本和哈利利亚则不认为是这样，斯潘塞老师为这两个小组提供了自己设计实验的机会。她试图让儿童对概念的学习立足于他们的日常环境。实际上，一旦斯潘塞老师开始协商原设课程，那么这节课中本和哈利利亚就能够开始对绝缘材料的学习，而无须提及缺席的北极熊。

课程在继续，斯潘塞老师与孩子们一起以各种方式表达他们的想法。在他们决定在每个实验中收集什么数据和在其调查中观察什么的过程中，以及在孩子们决定如何记录其想法的过程中，斯潘塞老师都是促进者。

三、与儿童一起思考，而不是替儿童思考

许多不同的概念和处理技能可以从这个重新制定的北极熊课程中产生。重新制定的课程所探讨的两个主要的科学概念如下。

（1）温度能告诉我们一些关于热量的信息。

（2）材料的特性决定了它们的绝缘性能。

重新制定的课程中，培养的三种重要的处理技能或思维方式如下。

（1）将物体、事件和想法相联系。

（2）将物体、事件和想法进行分类。

（3）向他人表达我们的想法。

通过使用具有发展适宜性的语言和问题，斯潘塞老师以多种方式、按多种特定水平阐述了这些概念和技能。

还记得关于温度计的那节课吗？语言的准确性发生了变化，但大意保持不变：温度的测量代表着热量的吸收。其核心概念用孩子的话来说就是："温度计上的温度告诉我它有多热。"还记得关于矿物油的那节课吗？孩子们以不同的方式使用矿物油，但从教师的角度来看，其大概念是一样的：材料的成分会影响其绝缘性能。孩子们可能会将这个大概念表述为："有些东西可以使他物保持温暖或寒冷。而其他某些东西则不能。"

到目前为止，在本章中，我们已经分析了一位教师与一群幼儿开展的课程活动，了解如何在不同层面以不同的方式解决科学问题，以促进幼儿的学业成长、认知发展和一般生活技能的提升。我们看到，有证据表明教师不能替儿童做他们必须为自己做的事，并且不能替儿童思考，因为和儿童一起思考可以促使他们更好地学习。

当教师将科学课程视为真实的调查研究，而不是一组需要记忆的单词或一组需要重复的规律时，他们就为孩子们提供了构建深刻理解的有利机会："科学的方法，尽管看起来古板而难以亲近，但它远比科学发现重要得多。"（Sagan，1995，p.22）

有了对课程的重新理解，斯潘塞老师该如何计划下一个课程单元来跟进她刚刚上过的课程？她必须从对内容的重新阐述和深入理解开始。她认为，在她和学生居住的地区，以生活在寒冷环境中的动物为主题的单元具有特别的意义。当天气变冷时，绝缘概念成为她的学生们生活中的"日常"背景。同样，当天气变暖，每个人都试图让自己或物体保持"凉爽"时，隔热概念在她的学生们的生活中也扮演着重要角色。

她计划的单元聚焦于企鹅、北极熊和海雀。这些动物彼此相似，它们都需要保暖才能生存，因此在许多方面也与人类相似。但它们也具有幼儿可以学习和领悟的独到之处。大多数孩子都发现它们是有趣的动物，并带着兴趣和热情参与学习活动以更多地了解它们。

因此，为了与儿童一起思考而不是替儿童思考，斯潘塞老师需要在儿童开始思考之前就先考虑内容。为了有效地推动这个关于生活在寒冷中的动物的科学单元，斯潘塞老师需要具备关于绝缘、热、颜色、光等概念，以及生活在寒冷中的动物的生命周期和栖息地的背景知识。本节总结了斯潘塞老师的研究。

一旦斯潘塞老师开始研究生活在寒冷地区的动物，以及冷热地区之间发生的物理现象，她就会发现自己不断地在寻求了解更多的信息。所有教师都必须参与这些持续不断的探索过程，以丰富和巩固现有可用的背景知识，进而用于规划和实施有意义的课程。斯潘塞老师没有与她的学生们分享她研究过的所有信息，但她建立了自己的知识库，用于课程规划和即将进行的研究，以及应对特别好奇的学生提出的问题。她对本单元概念的积极探究促进了自己进一步的积极探究——这是一个适用于任何年龄群体的学习循环。

（一）绝缘

经过研究，斯潘塞老师从新的角度审视了"绝缘"这一概念。她从来不知道人类婴儿出生时就带有褐色脂肪，这是一种可以产生热量的细胞。虽然我们的身体不像其他动物那样能很好地适应寒冷，但我们已经发明了一些让自己保暖的方法。服装制造商在夹克、手套和靴子中使用超薄、轻便的绝缘材料。建筑物的墙壁设计有隔热材料，并采用双层或三层玻璃来阻隔空气。除了应对寒冷，我们还使用绝缘材料来保护我们免受其他东西的伤害。想想电线上的保护层——它是一种旨在保障电流流动并降低触电风险的绝缘形式。

热量从较热的物体传递到较冷的物体是一种自然趋势。在我们的身体或岩石中、在海洋和空气之间或咖啡和装咖啡的杯子之间，都是如此。绝缘材料降低了热量传递的程度。我们可能会想到的常见绝缘材料是聚苯乙烯泡沫塑料或羽绒被等物品。相同的绝缘材料可以用于使某个物体保暖，或使另一个物体保冷。它们通过减少热量传递来做到这一点，热量传递主要通过以下三种方式进行。

（1）传导——一些被称为导体的材料能让热量快速传递，而另一些被称为绝缘体的材料则不能。金属是良好的热导体，而空气则不是。许多绝缘材料与空气混合，能使它们成为更好的绝缘材料。

（2）对流——对流通常是指某个热的物体让周围的空气升温。物体的热量传递到周围的空气中。当空气变暖时，它就上升，然后冷空气进入取代它。冷空气再升温，再上升，然后循环继续。这就是我们吹一杯热咖啡能让它更快地冷却的原因——你增加了冷空气与热物体接触的速度。绝缘体通常会留住空气防止其上升，从而减少对流。

（3）红外辐射——这种类型的辐射是一种我们用眼睛无法观测到的光。然而，就像可见光一样（见下文），它可以被某些颜色吸收并导致物体升温。我们可以感觉到皮肤上的红外线辐射：来自散热器的温暖、夏日里太阳落山后的热沥青地面以及来自篝火的强烈热量。大约一半的太阳能量是以红外辐射的形式存在的。许多绝缘材料使用反射性表面来减少红外辐射对热传递的影响。

良好的绝缘材料可减少所有这三种传递。

（二）企鹅、北极熊和海雀

当斯潘塞老师研究生活在寒冷环境中的动物的生命周期和栖息地时，她决定把重点放在三个特定的物种（企鹅、北极熊和海雀）上。为什么呢？因为如果没有经验，"生活在寒冷环境中的动物"只是一个分类术语，不一定会在孩子的脑海中唤起某个具体的形象。不过，斯潘塞老师知道她可以把书、照片、《国家地理》电影、视频网站上的视频、贺卡、小雕像或描绘企鹅、北极熊和海雀的动物玩具带来，它们可以唤起儿童非常强烈的印象。在单元学习期间和结束后，孩子们就能够自己判断出它们都生活在寒冷的环境中。

企鹅有一种有趣的保暖方法。企鹅们会挤在一起保护自己免受南极寒风的侵袭。当它们挤在一起时，最内层的企鹅会开始从其他企鹅的体温中感受到温暖。随着企鹅们渐渐暖和起来，它们会轮流让那些站在最外面的企鹅进入企鹅群，而让站在里面的企鹅站到外面去。它们有一层脂肪层，可以帮助它们在冰冷的水中游泳时保持热量。

海雀在一生的大部分时间里都在海洋上空飞行。它们从8月飞到早春，此时它们会找到它们的繁殖岛屿并安顿下来度过夏天。它们通过特殊的身体特征在水面上度过冬天：防水的羽毛让海雀能够在水下游泳并保持温暖，它们能够喝咸水，吃小鱼和甲壳类动物。

北极熊生活在北极，因为它们生活在如此寒冷的环境中，所以它们有办法保持温暖。北极熊有一件厚厚的皮毛"外套"。皮毛下面是一层脂肪。它们的皮毛有两种作用。第一，它清澈的颜色可以将其与冰雪背景融为一体。第二，它厚厚的皮毛被用作绝缘材料来保暖。北极熊的爪子上也有皮毛，可以保护它们免受寒冷冰雪的侵袭。一个有趣的事实是北极熊的皮肤是黑色的。黑色皮肤可以吸收阳光从而为北极熊带来热量。

（三）光、颜色和热

我们看到的周围的光就是我们所说的白光，它实际上由许多波长的光组成，每个波长与我们的眼睛相互作用，反射出不同的颜色。我们可使用一个棱镜来为自己做调查，并思考彩虹如何以及何时形成。当白光照射到一个物体上时，就会发生如下三种情况。

（1）光波转化为热能。地球上的一切都是由粒子组成的；每个粒子都由较小的能量包组成；即使我们无法观察到，周围的一切也总是在运动。因此，任何东西都具有我们所说的振动能。如果物体的振动能与击中物体的光的振动能完全匹配，那么物体就会吸收匹配的光波并将该光的振动能转化为热能。

（2）光波反射。当光波的振动能与物体的振动能不匹配时，来自光的能量以光的形式重新反射。我们看到的只有被反射的波长，我们的大脑将其解释为物体的颜色。

（3）光波穿过物体。如果光波的振动能穿过物体直到物体的另一侧，那么物体看起来就是透明的。

记住，白色是所有颜色的组合。黑色是没有颜色的。白纸会反射所有波长的光，所以我们看到的是白色。黑纸吸收了所有波长的光，所以我们什么也看不见。当我们看到一个物体具有某种颜色时，我们看到的是物体反射的光波。所有其他光波都被吸收了。

因此，斯潘塞老师决定同时提供白纸和黑纸供孩子们在课堂上使用。白纸反射所有波长的光，黑纸吸收所有波长的光。因此，黑纸比白纸能吸收更多的光能。

（四）伪装

伪装在整个生物环境中随处可见。虽然可能没有必要对幼儿使用"捕食者"和"猎物"这样的术语，但让孩子们注意到区分图片中的动物有多么容易或有多么难，也显然是合适的。在考虑孩子们的外套设计时，颜色可能对他们来说非常重要。这可能会让他们想到北极动物的颜色，而且他们可能会将他们的实验与北极动物颜色的重要性联系起来。

（五）着色

虽然北极动物的颜色可能与保暖有关，但也许更重要的是，利用颜色进行伪装是非常必要的。想想在白雪中伪装得很好的北极熊或者北极野兔——它的毛皮在冬天是白色的，在夏天是棕色的，可以帮助它融入周围的环境。另一个有趣的着色组合是所谓的对立明暗处理。企鹅就是一个很好的例子。在水中，当它们游泳时容易受到捕食者的攻击，它们白色的腹部使得捕食者很难从下面看到它们，而它们黑色的背部则让捕食者很难从上面看到它们。

（六）生存策略

北极熊实际上有两层皮毛。它们脚底的毛皮可以保护它们免受寒冷（并防止它们在冰雪上滑来滑去）。一些动物通过迁徙来躲避寒冷，就像许多鸟儿一样，在最冷的月份从寒冷地区迁徙，天气回暖时返回。有些动物在冬眠中度过整个冬季——冬眠是一种从冬天过渡到春天的流行方式。而另一些动物，则通过创造一个舒适的庇护所，可以在最冷的时候保持温暖。

甚至动物的整体大小和形状也会影响热量的损失。体型大、附属器官（例如耳朵和尾巴）小的动物，可以减少整体的表面积，从而减少热量损失。而小型动物虽然有更大的表面积，但生存所需的食物并不多，所以我们经常发现这些小动物与大动物生活在一起。

四、生活在寒冷中的动物：一个单元示例

斯潘塞老师凭借她对课程设计的重新理解，以及新建立的关于热传递和某些动物生命周期的知识基础计划了一个单元，该单元建立在她班上的孩子们之前对绝缘的探索基础上，如本章前面所述。她以一个基于问题的学习情境开场。

（一）生成的相关问题

在这里，基于问题的学习情境是一个设计上的挑战。斯潘塞老师让每个孩子为这个问题选择一种极地动物，然后她给每个孩子一小塑料瓶温水，并提出以下挑战：

为你的动物设计一件外套，让你的动物在一盆加冰的水中保温5分钟！

孩子们知道极地动物不穿夹克，不戴帽子、围巾和手套，但他们喜欢这种挑战的奇思妙想，并将表演游戏的概念和科学论证应用到"外套"的生产过程中。

（二）材料/教学过程

斯潘塞老师准备了以下现成的用品，但她等待孩子们去选择它们。

材料：	
带拉链的塑料袋	矿物油或非矿物油
羽毛	锯末
聚苯乙烯泡沫	碎纸
棉絮	棉球
冰水	热水
温度计	胶带
钟表、秒表、定时器	纸

她安装了一个 75 瓦的灯泡，灯泡周围有栅栏，并由助手监控。在成人的监督下，孩子们可以安全地感受到热量。

此外，斯潘塞老师还开始收集各种安全、无毒且易于处理的常见材料。这样，当孩子们产生她没有预料到的想法时，她就能提供现成的材料。她对孩子们的想法持开放态度。一些孩子看到所有的用品，提议开一家商店。斯潘塞老师于是鼓励"商人"将制作的材料出售给其他孩子。当"客户"要将他们的费用加起来时，她就引入了简单的计算。

还有一些孩子决定为外套设计标签。斯潘塞老师就和这些学生一起介绍了不同类型的字体和设计标志，以此作为"阅读"名字的一种方式。

（三）大概念

这种类型的开放式课程可以包含许多潜在的大概念。除了上述关于动物生命的许多概念之外，本节课中出现的一些最常见的一般概念包括：

- 生活在寒冷环境中的动物有不同的保暖方法；
- 不同的材料提供不同程度的保温效果；
- 温度计是测量温度的工具；
- 温度可以表示热量的吸收程度；
- 时钟是测量时间的工具。

（四）评估学生的学习

斯潘塞老师所用的指导评价工具是指导教学所用的评估工具。仔细倾听孩子们的猜测或理由，要求孩子们解释他们的预测，对孩子们的原始陈述进行追问，观察孩子们如何选择和使用材料，这些都是她评估学习和确定下一步教学的机制。

斯潘塞老师使用简单的活动和提问技巧来发起讨论，其中很多都涵盖了来自孩子们的问题。教师要尊重所有问题，即使是那些不符合传统思维的问题，以及那些看似与特定主题无关的问题，它们都会创造一种将探究作为课堂上的"标准操作程序"的环境。分析学生的提问是一种评估形式。斯潘塞老师通过了解孩子们想知道的内容来确定下一步的教学步骤。例如，当哈利利亚提议她想在手套里放一块冰来让冰块暖起来，而威尔说手套可以保冷时，斯潘塞老师问道："你能展示给我们看看吗？"

孩子们通常通过测试各种材料的绝缘性能来开始设计实验过程。斯潘塞老师会询问孩子们可能要等多久才能看到结果。他们需要时钟吗？我们怎么看时钟呢？秒表有用吗？数数呢？我们的计算能力够吗？

对一些孩子来说，与朋友交流是一种很好的记录过程。对另一些孩子来说，写下来很有帮助。而对其他人来说，将这些信息绘制成表格和图可能很重要。有的孩子制定了等级量表来对不同材料的绝缘性能进行"分级"。还有人决定让朋友根据他们认为的物品冷热度来评估温度！

斯潘塞老师带着她脑海中不断活跃的想法结束了本课，这些想法在他们进入其他活动情境时可用于后续的讨论和调查。

五、理解内容和认知

正如本章——实际上是整本书——说明的那样，为了在基于问题的调查研究的背景下给幼儿提供有意义的学习机会，教师需要对嵌入主题中的概念原理有扎实的理解。理解大概念，而不仅仅是知道关于某个主题的一组事实是成功地协商课程的必要条件。教师不需要做到回答每个孩子的问题，但作为学习的主导者，教师需要具备某些技能以成功引导孩子发现包含答案的各种资源。

本章中讨论的另一项重要的专业知识，或者这本书的总体内容，是对幼儿思维和行为的深刻理解。

　　本章总结了第二部分"幼儿科学学习概述"，过程中描述了在当今对最佳实践的理解的背景下，幼儿科学课程和教学实践的目标、目的、方式和方法，以及它们之间的关系。第三部分"从统一的科学概念到课程"由三个章节组成，其中通过多个示例描述了科学的基础性概念，从而使这些全球性的大概念能够为早期教育者所理解。

第三部分

从统一的科学概念到课程

第九章

统一的科学概念

在孩子们身边，在我们身边，每天、每时每刻都会发生很多事。所有人都需要一种方法来处理并理解这些事。我们该怎么做？我们学会了一些思考方式，这些方式可以帮助我们简化我们的生活。

简化？你也许会问。难道学习不就是一个处理越来越多的信息和构建新知识的过程吗？是的，学习的确是这样。但是，我们所构建的知识并不总是新的。有时它更深刻，更深刻意味着更包容、更统一的知识——这种知识将原本不相干的事联系在一起形成一个系统，帮助我们预测即将发生的事。

教师可以使用哪些"简化策略"来理解我们的世界（包括生物和非生物）？这些策略可用来形成她自己的理解，并促进孩子们形成自己的理解。这些简化策略被称为统一概念（National Research Council，1996），它们在下文列出，并将在本章和后面两章中进行描述。

- 将形态和功能相关联。
- 观察整个系统及其顺序和组织。
- 考量平衡和演化。
- 制作模型、收集证据并提供解释。
- 测量哪些发生了变化和哪些保持不变。

一、科学教学的新视角

通常，统一概念并不会被这样讨论，但它们是基础，一旦教师理解了它们，这些概念就可以打开科学教学的新视角，并可以重塑教师们关于学习科学意味着什么的看法。

如果教师和儿童在上述领域（形态、功能、系统、秩序、组织、平衡、进化、模型、解释、证据、变化和不变）中参与了上述（关联、观察、考量、制作、收集、提供和测量）过程，他们就会从证据中生成自己的事实，并从事实之间的模式中构建自己的知识。这就是本章的精髓。

所有科学家都关注形态、功能、系统、平衡、模型、变化这些要素。天文学家和地球科学家研究非常大的东西，微生物学家和纳米技术专家研究的是非常小的东西。今天，这些科学家相互交流，并为彼此的研究提供信息。曾因不同的研究方法、研究工具和背景技能而分开的研究领域正在不断整合。越来越多的研究将我们对世界的曾经分离的理解联系在了一起。

适用于广泛现象的统一概念，其本质上也是全球性的，它们来自为《美国国家科学教育标准》做出贡献的许多团体之间所达成的共识。它们是科学的"大概念"，是所有科目进行科学教学的基石。

统一概念植根于所有人（无论老少）的日常经验。表 9-1 表明，教师每天都会问孩子们很多关于统一概念的"常见"问题。当孩子们有机会探索周围常见的现象之间的统一关系后，他们就能对概念形成强大的理解力，并将其应用到新的环境中。统一概念构成了考量多个领域的基本方法。

表 9-1　统一概念与课堂提问

统一概念	教师提问示例
理解形态和功能之间的关联	你是怎么决定用哪个工具从那桶脏水里得到这么干净的一勺水的？
观察整个系统及其顺序和组织	你用了这么多不同的过滤器。顺序重要吗？
考量平衡和演化	你是怎么让这个巨大的漏勺在这么小的杯子上保持平衡的？
制作模型、收集证据并提供解释	我们如何检查出纸巾中还剩下多少水？
观察哪些发生了变化，哪些保持不变，以及如何测量	你那勺水很干净，但它太少了。你那杯剩下的水有哪些变化？

当成人用契合发展水平的语言叙述儿童所经历的事时，儿童就学会了在统一概念的组织框架内思考。反过来，这些体验依赖于早期的心智处理技能，例如儿童在操作和比较材料时，对所发生的事件进行按序排列、关联以及分类。

教师提出的问题的性质和他们使用的词汇在很大程度上影响着孩子们扩展自己的思维和语言的机会。我们所有人都有能力将我们建立的概念迁移到新的情境中，这些概念是通过之前尝试统一的想法而建立的。

二、寻找模式

当孩子们参与某个话题的研究时，我们希望他们去寻找模式。这些模式是大的概念或统一概念。当教师抛出深思熟虑的问题并使用与大概念相关的有用词汇时，孩子们就会越来越能够扩展他们的思维和语言。然后，当孩子们看到和经历物理事件时，他们就会变得更有能力将概念迁移到新的情境中。

全美幼教协会（2009）确立的"了解早期教育的内容知识"这一标准强调了教师理解基本概念的重要性。本章根据统一概念来描述这些基本概念，这样有利于巩固许多特定主题中的概念，这些主题是早期教育工作者很可能会遇到的。

> **了解早期教育的内容知识**
>
> 申请者应了解每个内容领域在幼儿学习中的重要性。他们了解基本概念、探究工具和内容领域（包括学术科目）的结构，并能识别资源以加深他们的理解。

三、主题、概念和核心观点

让我们区分主题、概念和核心观点。当我们播下一粒种子，看着新的幼苗长出时，我们正在观察生命的繁衍。当我们孵化一个鸡蛋，观察一只新的小鸡破壳而出时，我们正在观察生命的繁衍。当我们看着蝌蚪变成青蛙时，我们正在观察生命的繁衍。生命繁衍的概念是《美国国家科学教育标准》中的一个核心观点。

概念是陈述关系的若干观点。幼儿会研究"种子可以在没有阳光的情况下发芽"或"种子可以在黑暗中发芽，因为它们含有足够的养料来完成这个过程"的概念。幼儿会研究"小鸡是从蛋里生出来的"或"受精卵需要特殊环境才能使蛋中的小鸡胚胎发育和孵化"的概念。幼儿会研究"从出生到成年的过程中，青蛙会改变它们的外貌、呼吸方式以及它们的生存环境"的概念。种子、小鸡和青蛙都是主题。这些主题经常被儿童研究。其他主题包括简单的机器、磁铁、天气、岩石、化石或动物等。

在上述所有的例子中，教师将孩子们的探索建立在"生物以不同的方式繁衍"这一更具包容性的概念或"生命繁衍"这一更具包容性的核心观点之上。这两种理解可以被提升到一个更加包容的层面，即统一概念层面，第十章和第十一章提供了多个例子。表9-2总结了这些区别。

表 9-2 主题、概念和核心观点如何关联

主题	概念	核心观点
青蛙	青蛙会改变它们的外貌。 青蛙会改变它们的呼吸方式。 青蛙从出生到成年都在改变它们的生活地点。	生命繁衍。
种子	种子可以在黑暗中发芽，因为它们含有足够的养料来完成这个过程。 种子发芽长成幼苗后需要光来为自己制造养料。	
小鸡	小鸡是从蛋里生出来的。 受精卵需要特殊环境才能使蛋中的小鸡胚胎发育和孵化。	
岩石	圆形石头可能是在风化作用下自然变圆或在水流冲击的作用下变圆的。	地球的形成过程包括空气、水和地表之间的相互作用。
电池和灯泡	如果一个灯泡是某个完整电路的一部分并且有足够的能量流动，它就会发光。	能量以多种形式存在。

四、既简单又复杂

将若干基本的统一概念置于课程中心的科学课程具有三个重要特征：教师和孩子们能够以深入的、基于多样化背景的、有利于学习迁移的方式来研究若干基本概念。

以下的例子说明了儿童可能参与的调查研究类型，以及这些调查研究中涉及的统一概念。请注意每个问题中涉及的统一概念。这些例子说明了教师如何使用生活环境中的例子来探查孩子们对日常常见事件的思考。

- 当孩子们研究鸟类吃什么以及它们的喙的样子时，他们就将形态和功能联系起来了。
- 当孩子们在暗室观察植物的变化时，他们就是在观察整个系统以及它们的顺序和组织。
- 当孩子们倾听同伴关于小龙虾如何躲藏的想法时，他们就是在收集证据并给出解释。
- 当孩子们看着蚂蚁拿着比自己还大的面包屑并保持平衡时，他们就是在考查平衡。
- 当孩子们注意到水族馆里各种各样的鱼在哪里度过它们的时间时，他们就是在衡量哪些发生了变化，哪些保持不变。

当教师邀请孩子们参与上述案例的研究时，他们就能帮助孩子们开始构建对统一概念的理解。以下是物质环境中的一些例子。

- 当孩子们研究发条玩具的各个部分如何工作并尝试自己将其组装起来，或者当他们检查泡泡机出口的形状和泡泡的形状时，他们就将形态和功能联系起来了。
- 当孩子们注意到人行道上的冰融化时会发生什么时,他们就是在观察整个系统及其顺序和组织。
- 当孩子们听朋友解释她是如何在密封袋中混合牛奶和糖来制作冰激凌时,他们就是在收集证据并给出解释。
- 当孩子们在班级制作的雕塑上寻找平衡盘子的方法时,他们就是在考查平衡。

请注意,每个问题中涉及的统一概念与上述问题相同,但每个问题的主题内容不同。

五、向伟大的科学家们学习

关于科学教学,我们可以从科学家那里学到什么?当然,他们创造和分享的知识改变了我们的世界。但除此之外,我们还需要懂得欣赏他们获得证据支持(或否定)自己想法的过程。我们可以从艾萨克·牛顿(Isaac Newton)、阿尔弗雷德·魏格纳(Alfred Wegener)和罗莎琳德·富兰克林(Rosalind Franklin)身上学到什么?

(一)艾萨克·牛顿:苹果的故事

1666年,艾萨克·牛顿坐在英国林肯郡的花园里,注意到苹果树上的苹果掉到了地上,在教授科学的过程中我们可以从他身上学到什么?我们可以了解到为孩子们提供机会让他们完全沉浸于其周围世界中的重要性。牛顿得出的结论是,地球正在把苹果拉向它,拉向地球的中心,而这种作用也可以用来描述地球上以及天空中的其他物体是如何相互作用的。如果我们希望孩子们开始在他们的感觉和他们的想法之间建立联系，我们就必须帮助他们在当下进行深入思考。

基本定律产生于日常现象，而这是幼儿生活中的一部分。幼儿和我们一样，每天都在体验著名的牛顿定律。这些定律是我们在地球上生活的基础。它们也是《美国国家科学教育标准》中的基本物理学思想的基础。它们是什么？它们就是三大定律，这些定律也适用于幼儿。

牛顿第一定律。如果你把一幅画挂在墙上且不移动它，那么它第二天早上还会在那里，第三天早上和第四天早上也是如此。一张静止的图片将保持静止，除非有外力使它移动。物体具有继续做它们已经在做的事情的自然倾向。因此，在没有其他力作用的情况下，物体保持其当前的运动或静止状态。牛顿称之为第一定律。

正是这个第一运动定律解释了为什么我们需要系安全带。无论汽车行驶得有多快，乘客都一样快。因此，安全带可以帮助乘客安全地与汽车一起急停下来。事实上，除非采取其他措施，否则运动中的乘客将一直保持直线运动。安全带在碰撞时锁定，作用在要从座椅上弹出的人身上。

牛顿第二定律。我们所有人可能都经历过这样一个事实：推动秋千上的孩子比推动秋千上的成人更容易。如果你推动秋千上的一个孩子，孩子会朝着推的方向加速。如果你用两倍的力气推，孩子的加速度也会加倍。但是，如果你推动一个重量是孩子两倍的成人，那么这个成人的加速度则是减半的。牛顿第二定律指出，物体动量的变化率与作用在物体上的力的方向相同并成正比。在相同的距离内，移动较重的人比移动较轻的人需要更大的力。

牛顿第三定律。一个人从船上踏上岸边，就会以相等的力将船推离岸边。牛顿第三定律指出，对于每一个作用力，都有一个与之大小相等、方向相反的作用力。火箭推进太空的方式与船只被推离码头的方式相同。发动机对地面产生向下的力，与其相等的反作用力则推动火箭向上。因此，每当一个物体推动另一个物体时，这个物体就会受到反方向推回的同样大小的力。

（二）阿尔弗雷德·魏格纳：难以置信的故事

1915 年，阿尔弗雷德·魏格纳发表了一个观点，我们今天知道这个观点是准确的，只是不完整。魏格纳提出了大陆漂移理论，他的同事认为他的想法不可信。然而，魏格纳凭借他部分正确的想法，被认为是板块构造理论的创始人，这距离他有工具证明这一理论要早得多。

多年来，魏格纳一直想知道，为什么南美洲和非洲大陆的形状看起来如此契合整齐。他推测它们一定曾经连在一起。关于每个大陆上相同的动植物化石的知识使他相信他的理论是正确的。然而，他无法解释大陆是如何移动的。按照今天的想法，我们知道大陆本身并没有移动，而是大陆和海洋所在的地壳板块在运动。今天，我们将板块运动归因于地球熔融内部发生的对流。事实上，今天的地质学家们一致认为，在我们这个星球上，所有大陆都曾经聚集在一起成为一块巨大陆地。今天，所有的大陆板块都仍在漂移。

教师可以从这个故事中学到，我们最初认为不可信的东西可能会成为一个正在酝酿中的伟大想法。因此，我们必须抵制对新想法的即时判断，并给想法的提出者一些时间和资源来开展进一步的探索。

（三）罗莎琳德·富兰克林：坚忍的故事

在 20 世纪 50 年代初期，罗莎琳德·富兰克林在她的地下实验室花费了无数个小时用 X 光[1] 扫描 DNA[2] 片段，试图确定其结构。她的照片开始指

---

[1] 又称为"X 射线"，是一种穿透性较强、波长极短、能量很大的电磁波。——译者注
[2] 其全称为"Deoxyribonucleic acid"，即脱氧核糖核酸，又称去氧核糖核酸，是一种分子，可组成遗传指令，以引导生物发育与生命机能运作。它是染色体的主要成分，主要功能是长期性的资讯储存，可比喻为"蓝图"。——译者注

向 DNA 分子的双螺旋结构，但她认为她的照片不足以证明这一点。当她试图拍出更好的照片时，弗朗西斯·克里克（Francis Crick）和詹姆斯·沃森（James Watson）认为她在实验室里准备的 X 射线照片已经足够有说服力了，他们基于富兰克林的这些照片和他们自己的聪明才智开发了一个 DNA 分子的三维模型，并发表了他们的研究成果。这是一个关于平等或职业礼貌的糟糕故事，但却是一个关于坚忍的好故事。

富兰克林的坚忍让她第一个向世界展示了 DNA。但她的贡献从未得到广泛认可，因为她于 1958 年死于癌症。而在 1962 年，克里克、沃森和另一位同事莫里斯·威尔金斯（Maurice Wilkins）获得了诺贝尔生理学或医学奖，她没有位列其中。但她的贡献是深远的，这个故事提醒教师，科学需要毅力。罗莎琳德·富兰克林用物理证据证明 DNA 结构的坚持，开启了生物科学的新世界。她的坚持阻碍了她的发现，却给了她所寻求的证据。

六、共同的科学思维

前面讨论的科学家们都对我们共同的科学思维做出了重大贡献。他们的每一个贡献都可以在统一概念的框架内进行分析。你能看出它们在哪里吗？如果你需要了解一些观点，请阅读第十章和第十一章，然后再回顾这个问题。第十章中详细介绍了物质环境主题中的统一概念，第十一章则描述了生物环境主题中的统一概念。

第十章

统一概念：物质环境

阿梅莉亚玩接球游戏。她是怎么知道要站在哪里，把手放在哪里接球的？如果阿梅莉亚大部分时间都在接球，那么她不仅发展了身体协调性和力量，而且对物体如何在空中移动有了很多想法。阿梅莉亚构建了一个体系，可以让她预测身体的位置和举起的手臂的位置。她可能无法清楚地表达出自己在做什么，但她的能力是一个很好的指标，表明她已将许多概念组织成一个可行的系统。

现在，我们再次从统一科学概念的视角来看物质环境中的主题：
- 将形态和功能相关联
- 观察整个系统及其顺序和组织
- 考量平衡和演化
- 制作模型、收集证据并提供解释
- 测量哪些发生了变化和哪些保持不变

一、将形态和功能相关联

如果分别用叉子和勺子，5 秒内我可以捡起多少豆子？为什么报纸是由边缘粗糙的薄纸制成的，而书是由漂亮的封面和边缘均匀的纸做成的？为什么有些岩石亮晶晶的，而有些岩石则暗淡无光？

彭纳（Penner）老师可以将幼儿的注意力集中在形态和功能之间的联系上，在所有领域都是如此，不只是在科学领域。有很多问题和挑战都可以激发这种思维。

在自然世界和人类世界中，形态和功能都是相辅相成的。叉子的形状使它成为食用某些食物的餐具，而不是食用另一些食物的餐具。它的形状影响着它可以轻松取食的食物类型。一个物体或系统的形态通常与它的用途、操作或功能有关。

功能通常依赖于形态。对这种形态—功能关系的理解能在不同级别的组织中用到。在物质环境中，园林工具、厨房器具、工艺材料和办公用品为直接研究形态—功能关系提供了可能性。

二、观察整个系统及其顺序和组织

彭纳老师让学生参与一些任务，比如：追踪雨量计中的增加量，收集不同质地的岩石，或者对比在水中会改变形状的材料与不会改变形状的材料。尽管每个系统的部件的复杂性和数量可能不同，但其一般定义是相同的，即：系统包含着以某种有序的方式运行的部件。

科学的进步基于这样的假设：假设宇宙的运行是可预测的，并且处处都基于相同的规则。对物质环境中的系统的讨论包括：使发动机运转的机器部件系统、相互围绕运转的天体等。

系统具有独特的部件或特征：例如，机器上的螺母和螺栓，或太阳系的行星、恒星和卫星。系统也有某种类型的资源流动：可能是机器中的电路，或者天体轨道的能量流动。流动代表了系统某个方面的秩序。在航线系统中存在着人们为了工作和娱乐而"流动"的通道和枢纽。这些枢纽点之间的连接代表着系统中的一个顺序。

为了提供思考世界的有用方式,我们创造了用来谈论科学的组织结构。我们对所有物体和现象(如岩石、地质构造和天气状况等)进行了分类。

三、考量平衡和演化

一天早上,彭纳老师和她班上的学生一起在操场上,当她不经意路过时,注意到有三个孩子正想让一个跷跷板保持平衡,两个孩子在一边,一个孩子在另一边。那天上午晚些时候,她在教室里支起了一架天平,并在它附近放置了一些不同大小的物体。她可能会随意地提到,这让她想起了跷跷板。虽然没有进一步的讨论,但是孩子们靠近材料并尝试模拟他们在外面玩的跷跷板游戏。

在幼儿的课堂上,"变化""平衡"和"保持平衡"都具有非常大的概念化的意义,彭纳老师计划开展一些活动来促进这种概念化的发展。

"保持平衡"是一种物理状态,在这种状态中力和变化发生在相反但平衡的方向上。在我们的世界中,所有类型的物质相互作用单位都趋向于平衡。

"进化"是一系列的变化,有些是渐进的,有些是偶发的。尽管进化论最常与解释了由共同祖先的随机突变引起的变化过程的生物学理论联系在一起,但它也描述了宇宙的变化。随着季节变化,你沿着海滩散步时可以看到不断变化的海岸线。某个夏天,你散步时可能会沿着15米宽的粉红色沙滩,从涨潮的最高处走到木板路上。或许在一场猛烈的冬季风暴过后,在第二年夏天沿着同一海滩散步时,你发现粉红色沙滩只有6米宽了。

因地球不断移动的地壳板块系统正在"保持平衡"，我们能够看到的地貌和我们看不到的海底都在发生着变化。

诸如地震、海啸和火山等极端事件会使我们趋向"平衡"吗？如何趋向"平衡"？其实我们经历过这些事件，或者更温和的事件，比如山脉越来越高。当地壳板块运动释放所累积的压力时，这种释放就会趋向压力平衡。

水—岩石循环是平衡的另一个例子。如果水总是溶解岩石，那么所有溶解的岩石会怎样？为什么海洋没有被岩石填满？为什么大陆还没有解体消失？在教育幼儿的过程中，教师需要将孩子们的注意力集中在关于循环的"大概念"上——当地球上某个地方的岩石正在被溶解时，新的岩石正在其他地方形成。岩石循环处于平衡状态。

四、制作模型、收集证据并提供解释

彭纳老师提供了丰富的学习机会，她邀请孩子们参与能够生成解释的各类思维活动，她还提供了真实的材料，孩子们可以用这些材料来做出解释。她帮助孩子们尽可能地使用"真实的东西"来制作模型。例如，有的教师想用碎巧克力饼干代表"泥土"，用全麦饼干代表沙子，模拟地球上不同类型的土壤和沙子。为什么要这样做？真正的土壤和真正的沙子不都充满了学习机会吗？是的，它们的确充满了学习机会。因此，彭纳老师选择了真正的土壤而不是碾碎的巧克力饼干，选择了真正的沙子而不是全麦饼干。她坚持要保持真实。

"证据"包括数据，它们是科学解释的基础。模型有助于科学家和工程师了解事物是如何运作的。模型有多种形式。"模型"可以是比被建模对象大或比被建模对象小的物理对象。我们可以使用锡箔纸来模拟船如何在水上飘浮。

"模型"也可以是图表、方程或心智结构。早些时候，我们看到了儿童如何通过心智模式的发展来理解他们的世界。我们使用模型来帮助我们解释我们所看到的正在发生的事情。

教师可能会与观察建筑设备的孩子们一起阅读书籍，随后让他们使用玩具设备来展示每个建筑设备是如何工作的。有的孩子可能想制作他们自己的模型——也许是一架起重机。其中一个概念可能是"有些机器让我们更容易举起重物"。在孩子们使用或制作微型机器的过程中，教师可以促使他们考虑如何衡量"更容易"这个词的含义。带着这个问题，教师为孩子们在长大后最终理解机械的效用播下了智慧的种子。

五、测量哪些发生了变化和哪些保持不变

彭纳老师提供了无数机会来讲述和质疑科学和数学课程中所涉及的守恒性、变化和测量的本质，不仅如此，几乎在所有性质的课程中她都会这么做。当孩子们在将石头和沙子过筛时，她会在活动区附近放置小量杯，并大声说想知道有多少杯沙子会从最后的过滤器中流出来。或者当孩子们倒水时，她会在附近放一个温度计，或者直径很窄或很宽的塑料制品。通常孩子们不需要催促。孩子们往往会出于纯粹的欲望而使用测量工具！

世界上的一切都在改变。一切都是变化的。只是，一些变化经常发生，因而其他东西可能看起来是恒定不变的。变化可能随处发生。水在桌子上散开，以趋于压力平衡；冰激凌在室温下融化，以趋于热量平衡。即使是变化本身也可能会发生改变：冰激凌在室温下融化，但在炎热的天气里融化得更快。

系统中的变化是可以测量的，测量通常会澄清变化的证据并形成新的科学解释。针对不同的目的有不同的测量体系，对于学习者来说，决定何时使用哪一种是非常重要的决定。你什么时候使用尺子、杯子、天平或弹簧秤？知道自己需要什么工具与在拥有它之后知道应该怎么做同样重要。

六、使用统一概念计划课程

我们已经通过多个例子考查了统一的科学概念，现在将通过探讨一个物理单元来结束本章，在这个单元中孩子们研究了水。

当科拉多（Corrado）老师开始计划研究水的单元时，她会先研究该单元的大概念，并为自己撰写关于这些科学概念的翔实的解释。为什么呢？她这样做的原因与第八章中斯潘塞老师对生活在寒冷环境中的动物进行研究的原因相同。教师不能教他自己不知道的东西。新教师经常会向指导教师寻求课程计划方面的指导："我要上一堂关于水的课。"但经过指导教师的一番刨根问底，结果证明新教师需要更多地了解是什么让水在我们的星球上如此特别，然后她和她的指导教师才能讨论如何教授相关概念。

正如第八章斯潘塞老师的自学过程部分所阐明的那样，科拉多老师自己对科学概念的学习是课程计划阶段的关键环节。对单元的研究主要集中于内容领域，包括水循环的阶段、物相变化阶段所需的条件、热传递原理以及其他相关概念。

这些概念包含着我们的世界赖以运转的深刻原则。这些概念可以在成人水平上进行表达。但幼儿也可以通过简单的材料以各种各样且相关的方式来接触它们。科拉多老师需要具备基础科学内容方面的工作知识，以便提供具有最大潜力的学习机会。如果她自己缺乏足够好的基本理解，就会产生引发误解的可能性，也很可能会忽视孩子在"正确轨道"上的创造性和深刻见解。

在这个例子中，科拉多老师在设计她的课程计划之初就首先开始了自己对水的研究——不是为了收集事实，而是为了寻找规律。她参观博物馆，在美国公共电视网上搜索视频，并浏览教育目录以寻找重要概念的指标。她读书——先阅读儿童读物，然后阅读高中课本或科普期刊。她的探究源于统一科学概念的知识平台。她通过广义的科学概念过滤新信息，广义的科学概念能将信息统一成模式。

科拉多老师是否需要成为每个科学单元的专家？不，那是不可能的。但她需要对这个单元的大概念有足够的了解，才能成为学习大师们的榜样。这是可能的，也是必要的。

七、水的研究：一个物理单元

对于科拉多老师来说，她要根据孩子们不同的发展水平和经历有意义地调整课程，因为教师对大概念清晰的理解是必要的。她必须既了解先导概念，又理解高阶概念。为学生提供差异化的学习机会需要教师具有思维的流畅性。

今天，在水的研究课程中"大概念"是什么呢？本课的一个重要概念针对的是物相变化：如果加入足够的热量，冰（固相）会变成水（液相）。当然，如果再增加更多的热量，水就会变成水蒸气。但是最初的课程并没有计划走那么远，当然，除非孩子们把课程引向了那里。注意力的持续时间在很大程度上与有意义地参与的程度有关。这对于所有年龄段的孩子都是如此，甚至对于学龄前的非常小的孩子也是如此。

为了最大限度地提高孩子们有意义参与的可能性，科拉多老师需要明确课堂重点。她需要明确主要概念，并通过这些概念将学习引导与孩子们的经验联系起来。她还必须确保将孩子的注意力集中在《美国国家科学教育标准》所强调的过程上。教师必须引导孩子们：

- 组织他们收集的信息；
- 与同伴谈论他们的发现；
- 为他们认为的真相收集证据。

没有教师的明确目标，谈话和活动很容易失去方向，变得漫无目的。教师在准备为幼儿开设的课程时，如何填补自己科学知识上的空白？教师必须不断地从事自己的研究工作。全美幼教协会出版的图书，如《与幼儿一起探索水》(Exploring Water with Young Children，Chalufour & Worth，2005）等就是一类资源。初中、高中和大学课本是另一类资源，电视纪录片和在线互动软件是第三类资源。

（一）大概念

统一概念能帮助科拉多老师探索与水相关的具体概念，如果她想要竭尽所能地创造课程和创造最可能引发幼儿学习的谈话，那么这些概念对于教师的背景性理解就很重要。

让我们来看看，为了教授水单元科拉多老师基于统一概念学到了哪些关于水的知识。她了解到了水的形态如何影响它所能够发挥的功能。

- 以蒸汽（水蒸气）形态存在的水具有多种功能。例如，它被用于蒸汽机。来自蒸汽的压力迫使活塞运动。活塞与传动机构相连，这些机构可以转动船的桨轮、转动火车的轮子或在工厂带动传送带来运输货物。
- 以液体形式存在的水也有多种功能。例如，它可以转动水车将谷物磨成面粉。
- 以冰的形式存在的水也具有多种功能。对孩子们来说，溜冰场是一个让人开心的地方。

科拉多老师了解到了水在我们称为地球的系统中所扮演的角色。
- 水几乎是地球上每个系统的一部分。它是所有生命系统中每个细胞的一部分，是生产任何产品的每个农业系统和经济系统的一部分，是滑雪产业娱乐系统的一部分。
- 水温可以用度数来测量。水体的盐度可以用浓度水平来衡量。
- 我们把积聚在天空中的水汽和晶体称为云。我们使用拉丁语对云进行了科学分类和命名——积云、层云、卷云、雨云，并通过云底的高度进一步区分云。

科拉多老师研究了水达到压力平衡的一些机制，以及随着时间推移水的特征所发生的变化。
- "水往低处流"是一句古老的俗语，也可以用在这里。水的压力由水的高度或深度决定。相连的水体会寻求达到平衡，并以各种方式移动以达到相同的高度。古罗马时期建造的引水渠就是基于这一原理。
- 水质在变化，水污染在变化，用水也在变化。水本身的演变是一个不断被研究的问题，目前的研究集中在地幔中水含量的变化，地幔是地壳下方延伸到地核的巨大区域。

测量哪些发生了变化和哪些保持不变是科拉多老师参与的另一项调查，目的是让自己为教授水单元做好准备。

- 在自然条件下，在大多数动物生活的环境中，水是我们能见到的以三种不同形态存在的少数物质之一：固态水（冰）、液态水（水）和气态水（水蒸气或水汽）。数亿年来，地球上的水量一直保持不变（恒定），但其形态在不断变化。
- 我们可以测量水及其变化形态的许多方面，如发生状态变化时的温度、不同状态下水的密度等。
- 实际上，水是公制计量法的基础。1克水（它的质量）等于1毫升水（它的体积），或1立方厘米的水。我们用卡路里来衡量热量：1卡路里是在1个大气压下将1千克水的温度升高1℃所需的热量。

最后，科拉多老师发现了很多关于制作模型的知识，以及收集证据和提供解释的好方法。

- 哪些证据可以证明我们所知道的是真实的？在科学上，我们检验我们的想法并收集足够的证据来证实我们的结果是可预测的。当我们在所有其他条件相同的情况下给冰加热会发生什么？我们每次都会得到相同的结果。我们生成了相同的图表，这是我们解释物相变化的许多原理的证据。
- 有时模型为我们寻找以往问题的答案提供了证据。随着时间的推移，地球上的水是恒定的，这得到了数学模型的支持。数学模型考虑了物相变化、大气条件、从不断变化的地球表面数据中得出的推断以及其他许多因素。

（二）生成的相关问题

对幼儿来说，水永远具有魅力——对我们所有人来说也是如此。它以不同的形式存在于我们周围，是我们所处的环境和我们的身体的一部分，是一种可用来了解其他物质的安全且廉价的模型。我们可以怎样开始探索这种奇妙的物质呢？在这里，科拉多老师将大概念转化为挑战。她让孩子们设计一个"储冰器"，一个可以让他们的冰块尽可能长时间不融化的容器。在探究过程中，她与每个小组讨论的重点是应该如何设计才能防止热量进入冰块。她要求孩子们连续记录他们所看到的储冰器中的情况和冰块的情况。

(三) 材料 / 教学过程

计划过程的这一部分需要收集必要的材料，以便学生开展他们的问题调查，并考虑到所有的安全因素。

在研究水的课堂上，科拉多老师提供冰块、塑料杯、锡纸、聚苯乙烯片（泡沫板）、报纸、胶带等。她的储物柜里还有温度计和秒表，但没有拿出来。为什么不拿呢？因为让孩子们决定他们需要什么工具来解决他们的问题，是解决问题过程的一个重要组成部分。

没过多久，学生们在试图解决预设问题的过程中就遇到了许多小问题。一组学生开始关心他们可以用什么东西来记录时间。在学生们相互交流并与他们的教师交谈后，科拉多老师问他们是否需要使用房间里的某些东西。其中一个孩子环顾了教室，兴奋地决定："我们可以用教室里的时钟来记录时间！"另一组学生觉得他们可以使用温度计来测量温度。科拉多老师知道这会有一个尺寸问题，于是将他们引到壁式温度计前。当温度计太大无法放入杯子时，两对闪闪发光的眼睛睁得更大了，两个孩子异口同声地说："我们有小的温度计呢！"

这些顿悟时刻是成功所必需的专心参与的行为指标。

如果在单元开始之前就收集好一些材料，教师就更容易及时发现将孩子们的想法与其他内容领域相联系的机会。对于这个水研究单元，科拉多老师找到了一个互动网站，上面有一个类似于冰块保存的问题，但它的虚拟实验任务是让一罐热水保温，而不是让一块冰保冷。

她还发现了其他许多虚拟实验，这些实验将水、水在植物生长中的作用以及其他相关主题联系起来。

许多文学作品可以激发儿童探索模型并建立联系，唤起儿童对其他时间、地点和现象的想象与参考。例如：

《水之舞》（*Water Dance*，Locker，1997）强调了在我们的自然环境中水的变化形态的美学；

《来吧，下雨了！》（*Come On, Rain!*，Hesse，1999）让读者沉浸在炎夏暴雨的喜悦中。

（四）评估学生的学习

整个下午剩余的时间里，孩子们一直在设计和做实验，非常主动且有目标地行动着。第二天，他们的工作继续进行，有的孩子还从家里带来了材料。课程持续了三天，占据了每天上午的大部分时间，并且向不同方向延伸。科拉多老师对孩子们的许多想法的回应，自然地与科学、数学、技术及语言艺术联系在一起。

服务于学习者的评估。科拉多老师对每个孩子的回应方式取决于她自己的评估，这一评估是关于她能让孩子们的学习拓展多远的评估。她的评估是为孩子们的学习服务的。她帮助一些孩子学习看时钟上的时针，帮助一些孩子学习认识温度计上的刻度，帮助一些孩子在储冰盒的两侧涂胶水，还会帮助一些孩子拼写他们想用来描述其观察所见的词语。学习认识钟表、跳着数、黏合技巧和拼写并不在科拉多老师的"水研究"课程计划中。但是，这些技能是孩子们长期学习目标的一部分，而且根据教师对孩子们的提问、挫折或讨论的分析，这些技能是适宜该年龄段的幼儿的。

从课堂活动中提炼原理。科拉多老师班上的孩子们遇到了许多大问题，所有这些问题都为他们提供了学习测量、拼写、词汇、加法、减法、写作以及其他许多技能和概念的机会。教师需要能够从课堂上的许多具体问题、活动和事件中提炼出基本的组织原则。

经历和反馈为儿童提供了迁移的机会，促使儿童开始发展认知基础，从而进一步成长和发展。需要注意的是，认知图式是无法教授的。但是，当一个孩子在生理上做好准备时，教师就可以为他提供构建认知图式所需的各类经验。下一章将着眼于与生活环境主题相关的统一概念。

第十一章

统一概念：生活环境

第五章介绍了与孩子一起探索自然，这是教师在幼儿科学教育中的一个重要方面。当今时代的儿童一整天的大部分时间都在室内度过。著名博物学家蕾切尔·卡森（Carson, 1962, 1965）观点的启示和儿童倡导者理查德·洛夫（Louv, 2008, 2010）提出的策略为我们如何帮助儿童培养对自然的鉴赏能力指出了侧重点。

与他人和自然的关系会改变我们的思维方式（Goleman, 2006）。第一，培养对自然的鉴赏能力是基础。例如，与其讲授全球变暖，不如开发一个菜园，并在种植的过程中讨论在社区种植可食用植物的好处。与自己所在社区的自然环境建立情感联系是保护全球环境和了解更多信息的关键。

第二，我们应该持续地探索自然，而不只是在阳光明媚、温暖的日子里。在潮湿、有雾、下雨或刮风的天气里，也有很多东西需要学习。鸟类、昆虫、树叶和花朵在不同环境下看起来都不一样。土壤、鹅卵石、沙子、混凝土、砖块和碎石也是如此。

第三，当你探索自然时，要直视、向上及向下看。你会在不同层次观察到不同的活动。你会注意到非常大的和非常小的活动，以及非常安静和非常活跃的活动。使用你的所有感官，并随身携带工具（如放大镜、录音和录像设备、便笺纸和蜡笔、收纳箱、手电筒等）来帮助自己。

有许多精彩的书籍可以帮助新教师培养自己对自然循环和现象的鉴赏能力，并更容易找到方法来吸引幼儿参与（National Arbor Day Foundation，2007；Worth & Grollman，2003）。

正如第十章的物质环境研究部分所提到的一些核心观点那样，我们现在再次通过统一科学概念的视角来审视生活环境：

- 将形态和功能相关联；
- 观察整个系统及其顺序和组织；
- 考量平衡和演化；
- 制作模型、收集证据并提供解释；
- 测量哪些发生了变化和哪些保持不变。

一、将形态和功能相关联

现在的小鸡骨骼与在地球上发现的一些化石非常相似，因此它们的骨骼被认为是非常古老的。这促使一些人怀疑这些化石原有的身体是否具有与小鸡的身体相同的功能。

教师可以使幼儿的注意力集中在形态与功能的联系上，在任何领域都是如此，不只是在科学领域。有很多问题和挑战可以激发这种思考，比如："让我们来看看，我们能否通过观察它们的嘴来发现这些动物吃什么。""它们生活在哪里？""它们所处环境的气候是怎样的？"

二、观察整个系统及其顺序和组织

我们的宇宙充满了各种系统：我们有共同生活并相互依赖的物种系统，

例如捕食者和猎物、相互协作的人体器官、相互授粉的植物，等等。这些系统具有鲜明的特征和某种类型的资源流动：在玫瑰花丛、狗、兔子和蠕虫共同生活的系统中，就存在着能量流动的食物网。

为了提供思考世界的有用方式，我们创造了用于讨论科学的组织架构。对任何系列的物种进行组织的一种典型方式就是创建类别。

- 我们可以根据生物吃什么来进行分类：有些物种吃动物，有些不吃，我们针对这两个类别设置了专有名称。
- 我们可以对生长在干燥沙漠中的植物和生长在潮湿热带的植物进行分类，并对这些类别进行专属命名。
- 生活在海洋中的大部分动物是鱼类，但也有一些是哺乳动物。可以用无数种方法对物体和想法进行分类。

我们也可以按级别来组织。例如，群落由种群组成，种群由生物体组成，生物体由器官组成，器官由组织组成，组织由细胞组成，每个层次都参与相同的代谢过程。这是一个非常重要的科学概念！

尽管每个系统的部件的复杂性和数量可能也的确不同，但其一般定义是相同的：系统包含着以某种有序的方式运行的部件。我们作为一个社会，已经组织了我们对各部分的思考。我们已就一些常用语达成了共识，以促进我们对这些部分的讨论，以及我们对各部分及各部分之间如何相互作用的理解。

因此，当幼儿追踪豆类植物的生长，或者比较叶子的边缘、形状或排列方式不同的植物时，幼儿教师就有了各种重要的机会来探讨我们这个世界的系统性、有序性和组织性结构的本质。

三、考量平衡和演化

正如第十章所述，进化是一系列变化，有些是渐进的，有些是偶发的。尽管进化论最常与解释了由共同祖先的随机突变引起的变化过程的生物学理论联系在一起，但它也描述了宇宙的变化。一群孩子在去荡秋千的路上抄近路，他们在秋千架前的草坪上走了1个月，形成了一条小径——草地变成了人行道，即人行道是由踩踏草地演变而来的。

平衡是一种物理状态，在这种状态中力和变化都在相反但平衡的方向上发生着。也可以使用术语"稳态"（steady state）、"平衡"（balance）和"体内平衡"（homeostasis）来表达这种状态。"体内平衡"意为"同一的"或"稳定的"，是一个系统在其结构可接受的范围内保持足够稳定的状态或行为以生存的过程。原文请参考坎农（Cannon）的名著《躯体的智慧》（*The Wisdom of the Body*）。当试图保持身体的某些部位稳定不变时，人体内的血糖水平、血液中的水含量、体温、脸色、脉搏和瞳孔扩张等都在发生着变化。

在另一个体内平衡的例子中，让我们探讨一句经常听到的名言："一个坏苹果毁了整批苹果。"这是什么意思？从化学角度来说，这意味着一旦一个苹果开始腐烂，它释放的气体就会刺激其他苹果也开始腐烂。所有的苹果都在努力"保持同步"。

在我们的世界中，无论是在生物还是在非生物的环境中，所有相互作用的物质单位都趋向于平衡。我们周围到处都是不断进化的系统。举一个最典型的例子：一些物种灭绝了，而另一些非常相似的物种，尽管可能只存在很小的、几乎无法辨别的差异，却存活了下来。举一个不那么典型的例子：某些花卉和某些昆虫之间的繁殖关系以一种惊人的方式进化着,从而使它们在其栖息地中以独一无二的、适合的方式生存。

由于"进化"一词在成人中经常引发宗教和政治争议,所以教师们常常害怕使用该词。反对这一理论的人往往认为地球上的人类生命具有独特的价值,而这个问题往往是争议的焦点。然而,人类的进化并不是幼儿园或小学正规学习的经典话题。在幼儿的世界中,它涉及的许多概念几乎与发展不相关。但是,如果学生提出有关人类进化的问题,那么美国科学教师协会(NSTA)关于进化论教学的立场声明为教师如何以尊重学生且专业的方式做出回应提供了有用的指导。

此外,与进化相关的概念,如变化、平衡和均衡,在幼儿的课堂中具有巨大的概念上的重要性。相关的更多具体细节,请参见第十二章"购物车中的科学"。

四、制作模型、收集证据并提供解释

在本书的前面部分,我们看到了孩子们如何通过模型的发展来理解他们的世界。其中的关键词是"发展"。有的孩子使用矿物油来模拟北极熊的脂肪是怎样给其身体保温的,还有的孩子使用黑色图画纸来模拟北极熊的黑色皮肤如何从太阳那里吸收热量。对于其他孩子来说,矿物油和黑色图画纸只是矿物油和图画纸,而不是脂肪和皮肤的模型。教师可以引导孩子思考,而不是命令他们思考。

模型有多种形式。它们可以帮助儿童和成人解释我们所看到的情况,在被证明不完整或不准确之前它们都有用。模型帮助科学家和工程师了解事物的运作方式;它们可以是物品、图表或方程。孩子们可以用旋转模型来模拟一个豆荚是如何落到地上的。但他们也可以画出一个豆荚的草图，并用箭头来指示其移动的方向。成人可能会用一组方程来解释系统中的重力、加速度和其他变量。教师如何帮助孩子们在他们当下的世界中创建这个更大世界的动态真实模型？答案是，他们必须使用"真实"的材料。

（一）使用真实的物品

彭纳老师可能会问孩子们："植物真的需要阳光才能生存吗？"她可以了解孩子们的答案和论证过程，然后引导他们进入一个由她的提问开启的过程："我们如何用真实的植物来证明你说的是真的？"在彭纳老师的心智培养计划中，她可能会尝试引导孩子们模拟阳光在植物生长中的重要性，方法是将一些植物置于黑暗中，将一些植物置于阳光下，并随着时间的推移观察它们。但她必须以孩子们目前对"好计划"的概念作为她的指导起点。

只要有可能，彭纳老师就必须使用孩子们正在研究的真实三维材料。对于植物单元，她需要真正的种子、土壤和水，也许还需要来自植物生长灯的"人造阳光"。

（二）用证据来解释

证据包括可以作为解释依据的数据。科学的解释包含了现有的和新增的证据，这些证据汇集自观察、实验或模型的最简单的陈述。"假设""模型""规律"和"原理"是描述各种科学解释的不同术语。

彭纳老师提供了丰富的学习机会，但没有使用这些术语，而是邀请孩子们参与到会生成解释的思考类型中。

"简，你能不能向莱斯利解释一下你的问题？她正在做类似的事情，你们也许可以互相帮助。"

"让我们听听贾马尔的想法，仔细观察他的模型是如何运作的，这样我们就能够向他提供他需要我们提供的想法。"

五、测量哪些发生了变化和哪些保持不变

世界上的一切都在变化过程中。然而,这些变化往往有助于某些事物保持不变。让我们看看植物、动物和环境是如何相互作用的。

变化无处不在:种子长成大树,枯树腐烂分解。这一切的发生都是新陈代谢调节器进行调节的结果,目的是维持体内平衡——在这种情况下平衡是指光合作用和呼吸作用之间的平衡。系统的变化是可以测量的,测量提供了变化的证据,并有助于形成新的科学解释。针对不同的目的有不同的测量系统,对于学习者来说决定何时使用哪种系统是一个重要决定。下面是一个关于植物生长的单元,它结合了刚才讨论过的统一的科学概念。

六、植物生长:一个生物单元

储存了养料的种子可以在黑暗中发芽——因为它们不需要光照。当养料耗尽时,发芽的种子(也称为幼苗)就需要光照。此时,幼苗需要太阳作为能量来源。这种能量通过所谓的光合作用过程来生产养料。

这里所描述的统一概念是针对植物生长单元的,这些概念是一个更大的生活环境研究的一部分。

(一)大概念

为了成功地教授本单元,彭纳老师需要了解哪些有关植物的知识呢?她首先了解了植物各部分的形态及其具有的功能之间的关系。

- 植物具有特有的细胞器,即叶绿体。其功能是合成葡萄糖,为植物提供能量。

- 葡萄糖是植物储存能量的一种形式。
- 植物生产自身养料的过程也起到生产氧气的作用。
- 植物是动物的营养来源和氧气来源。

彭纳老师考量了植物在地球系统中的如下作用。
- 植物为地球的大气层提供氧气，让需要氧气的动物得以生存。因此，动物呼吸和植物光合作用形成了一个相互作用的系统。
- 植物生长按照可预测的顺序（种子、幼苗、成熟植物、收获、分解）和组织（释放二氧化碳、吸收水分等）。

彭纳老师考查了植物随时间发生的进化。
- 大约在4.5亿年前，植物以藻类的形式出现。它们随着进化产生了适应能力。一些植物创造了蜡质角质层，以保护自己避免水分流失。例如，沙漠仙人掌能保留水分，以帮助它们在长期干旱的环境中存活下来，并长有刺针以保护自己免受动物的侵害。还有的植物发展出种子的硬壳，在极端条件下才会裂开。

彭纳老师模拟植物生长并寻找方法收集合理的证据，作为她自己为该单元做专业准备的一部分。
- 高酸性条件下植物生长的模型可以用来提供酸雨影响的证据。这是一个模型提供证据的例子，它为新出现的环境问题提供了我们所寻求的答案。
- 有哪些证据让我们认为我们所知道的是真实的？在科学上，我们会测试我们的想法，并收集足够的证据来证实我们的结果是可预测的。当植物在高酸性条件下的生长情况被一遍又一遍地重复时，我们认为这就是酸雨对植物界的生命周期有害的证据。

彭纳老师还考虑了植物生长中可测量的多个方面。
- 植物的大小和外观随着其生长而变化。例如，种子慢慢发芽。一根有着绿叶的、柔软的茎从地里长出来。随着它继续生长，茎变得更长、更强壮，叶子展开以接收更多的光。在植物的尖端会出现一个芽。在某个时刻花朵会开放，有着丰富颜色和芳香的花瓣会吸引动物的目光，这些动物可能有助于它的繁殖。我们可以测量植物生长的各个方面：高度、叶子数量、花朵上的花瓣，等等。

（二）生成的相关问题

请孩子们设计一个"种子生长"计划。通常孩子们想把种子种在地里并浇水。允许孩子们这样做，同时鼓励他们在不同的条件下进行测试。例如："种子会在没有土壤的情况下开始生长吗？""如果只有水，种子会开始生长吗？"你可以提出疑惑："种子是否需要光照才能生长？"根据孩子们的回答，鼓励他们在不同的条件下播种。

准备好不同尺寸的纸张、不同类型的书写工具、数码相机（如果可能）、录音机（如果合适）以及其他可以让孩子们记录其观察和想法的设备或装置。

教师最初的问题是想为孩子们所选择的种子的生长创造适当的条件，但这个问题引发了一系列与孩子们相关的其他问题。教师需要准备好所需用品，并营造令孩子们感到惊奇的物质环境。他们的惊奇常常伴随着土壤类型、播种深度、每个种植穴中种子的数量、水量以及其他他们认为的重要因素。

（三）材料／教学过程

准备好以下用品：多种尺寸的花盆、杯子、桶、喷壶和洒水器，不同颜色的塑料膜，土壤，蛭石，沙，鹅卵石，纱布，各种品种的种子。若条件允许，可以收集新旧两种种子。如果没有较旧的种子，有的教师会将一些种子在微波炉里加热几秒钟。这样做会杀死种子，种子就不会发芽。并非所有种子都能发芽，这是一个发育能力的问题，该观念对孩子们来说很重要，因为他们不仅要考虑他们的花园，还要考虑整个的粮食生产。

让材料看得见、有标签并随时可取用，但不要分发这些材料，而是鼓励孩子们选择最适合他们研究的材料。

尽管粮食生产和分配是我们所有人赖以生存的日常自然事件，但是它们远离大多数成人和幼儿的日常生活。因此，管理菜园是让幼儿更接近他们所赖以生存的粮食生产和分配科学的方式之一。

对如何生产和分配粮食的观念的参与程度和参与性质，取决于班级幼儿的发展水平。但一般来说，在收获之后，当教室里不再有青豆和豌豆时，孩子们就有了一个欣赏收获周期的参照起点。

（四）评估学生的学习

正如前几章所述，教学和评估是同一枚硬币的两面。为教学提供信息的评估工具与教师进行教学指导所使用的工具是相同的。仔细倾听幼儿的预感，要求孩子们解释他们的预测，并对孩子们的原始陈述进行追踪跟进，都是教师评估学生的学习和确定下一步教学步骤的机制。

* * *

本章总结了第三部分，"从统一的科学概念到课程"。我们现在进入本书的最后一部分，即第四部分"从课程到科学的奇迹"。第十二章和第十三章阐述了两个基于挑战的课程单元，它们将阅读、写作、听力、口语及绘画，与科学和数学概念及其过程相结合。第十四章总结了本书中的一些重要的安全措施，以及创设可行的学习空间的方法。

第四部分

从课程到科学的奇迹

第十二章

购物车中的科学：化学单元

本章介绍了一个单元，在该单元中孩子们通过混合和匹配原料成分，使用在超市和杂货店容易买到的物品，以及设计和开发自己的产品，来探索关于世界的基本观念。本单元通过以问题为基础的化学概念和过程的研究，来促使儿童学习统一概念。

本章一共有五节课，每节课都要求幼儿根据他们在课堂活动中获得的证据来构建观念。这些课程促使孩子们建立概念，旨在将他们已经知道的知识与他们从当前的调查研究中学到的知识统一起来。

每节课都以一个具有挑战性的情境开始，用来激发孩子们对课程中的大概念的学习。本书一直在讨论提出生成性的相关问题的价值，本章提供了五个经过现场测试的课例，均涉及此类开放式的、生成的相关具体问题。每节课都包括了对课程中的大概念、材料和程序以及评估儿童学习的多种方式的描述。

一、制作清洁剂

本课请孩子们通过挑战创造一种独特的清洁产品来探索物质的化学性质（见图 12-1），这种产品能让失去光泽的硬币重新闪闪发光。在创造产品时，孩子们会弄清楚如何将新产品的三维模型嵌入他们刚刚创建的用于包装和销售产品的新三维模型中。

图 12-1　制作清洁剂的材料

开放式课程包含着许多大概念的潜在可能，取决于教师选择如何与孩子们协商课程。以下是孩子们可以在本课中探索的一些大概念，这些概念的表达方式是专门作为供教师参考的背景信息而设计的。

（一）大概念

教师评估儿童思维的能力对于教授大概念至关重要。因此，本节将把对大概念的描述和一些示例方法联系在一起，这些方法被用来评估幼儿与这些概念的互动和对这些概念的构建。与本课相关的一些最常见的大概念包括：

- 科学证明需要科学家控制变量；
- 物质存在于不同的阶段；

- 不同的工作需要不同的工具；
- 一些物质相互作用并创造出新物质。

所有年龄段的大多数儿童都是从混合多种成分开始的。给孩子们提出挑战，让他们从混合物中找出最有效的成分（但请注意，5 岁或 6 岁以下的学生很少会接受这项挑战）。向儿童介绍或提醒儿童遵照"一次改变一个"的规则——也就是说，儿童可以改变他们想改变的任何东西，但鼓励他们一次只改变一件事。

请阅读初学者们查看成分的标签，看看他们是否能在其中发现任何类似的物质。

鼓励孩子们使用任何形式（如笔记、数据、图表、照片等）记录他们的工作。要强调的观点是，为了制作另一批清洁产品或改进产品，他们先要知道里面有什么！

当孩子们努力创造他们自己的产品时，邀请孩子们做比较并对比成分，分析各种不同用途的材料，评估工具的效率和有效性，并设计一个系统来判定他们生产的产品是否成功。记录他们的反应和活动。这些反应是展现他们的思维活动的窗口。

（二）商业清洁剂中的科学

有些清洁剂使用机械方法而非化学方法进行清洁。这些清洁剂被称为磨料。去污粉甚至牙膏都含有研磨成分。盐是一种很好的机械类清洁剂，尽管它也具有不少化学清洁能力。对幼儿来说，机械类清洁剂是很好的学习工具，因为在某种程度上，他们可以在擦洗和摩擦时感知正在发生的事情。而化学清洁剂则提供了太多的现象，需要孩子们加以见证或论证。

商业清洁剂通常含有酸（将氢离子添加到溶液中所形成的物质），或碱

（将氢氧离子添加到溶液中所形成的物质）。碱也称为碱性剂。酸的例子有柠檬汁、醋和可乐。碱包括漂白剂、氨水和抗酸剂等产品。

酸和碱会相互反应并与其他物质发生反应，有时反应非常迅速和剧烈。他们会互相分解对方。由于我们日常生活中的大多数物质的酸性比碱性强，因此碱通常被用作清洁剂。孩子们能够区分物质为酸或碱的一种方法是使用天然酸/碱指示剂紫甘蓝汁，它会根据物质的酸性或碱性强度改变颜色。

溶剂是指能够溶解其他物质的液体。水通常被称为万能溶剂，因为它可以溶解各种各样的物质。水会包围并分解这些物质。当我们说某物溶于水时，就会发生这种情况。由于水是极性分子（在其分子的不同原子上带有轻微的负电荷和正电荷），因此它可以与其他极性物质相互作用。

然而，并非所有物质都是极性物质，所以用水清洁某些物质时是无效的。蜡和油就是需要除水以外的非极性化学溶剂来溶解的例子。它们会溶解在松节油或丙酮（洗甲水）等产品中——这两种产品都不适宜儿童使用。此处包含的信息仅作为供教师参考的背景信息使用。

另一种清洁蜡、植物油、动物油和脂肪的方法是使用一类比较有趣的清洁剂，我们称之为洗涤剂。这种洗涤剂是具有两种不同性质的化学物质：它们溶于水，我们知道水是极性物质，但它们也可以分解脂肪和动物油，所以我们知道它们是非极性物质。为了清洁这些难以清洁的非极性物质（如脂肪和动物油），洗衣粉制造商添加了酶，这是一种生物分子，可加速洗涤剂与要清除的"脏"物质的反应。浓缩的洗涤剂会刺激人体的皮肤，甚至会刺激正在清洁的物体，因此不应让儿童使用。该信息仅作为背景资料提供给教师们。

（三）生成的相关问题

这是一种清洁剂，我们可以用它来擦亮我们的脏硬币。你能改进清洁剂，让我们的硬币闪闪发光吗？

用水和粉笔制作一款环保清洁剂，并将其作为"测试"清洁剂送给孩子们。孩子们可能会选择改进你制作的简单清洁剂，或者他们可能会选择自己的材料来从头开始。

请孩子们讨论他们在家看到过的清洁用品。每种清洁剂被用来清洁什么东西？哪些可以清洁木制品？哪些可以清洁玻璃？

对于学前班儿童或年龄更大的孩子来说，他们会用一袋预先确定好数量的豆子"购买"原料，有时还会把任务从热情洋溢的"混合"变成一种更为深思熟虑的产品创造过程。还可将课程扩展为真实的数学课，涉及计数以及嵌入加法和减法的其他数学过程。该课程还可以扩展到艺术领域，即通过以下问题，引导儿童设计一个吸引人的包装、为其命名并进行营销。

在我们的教室商店里销售你们的产品。每个产品都需要一个名字和一个包装。

通过这种扩展，孩子们在销售产品时，需要应对构建三维模型和进行语言试验的创造性挑战，做出其他许多努力。

(四) 材料/教学过程

从以下材料开始，这些材料都装在带标签、易于取用的小容器中，邀请孩子们帮忙解决问题。该问题的一个限制是没有传统的品牌清洁产品可用。

苏打水	粉笔	牙膏	带盖小杯子
海绵	牙刷	搅拌器	研钵和研杵
纸	硬纸板	胶带	蜡笔
围裙	护目镜	手套	

随着孩子们的思维发展，当他们分享关于如何操作的想法时，确保为孩

子们提供了方便他们开展调查研究的材料。

二、不用蜡笔着色

本课邀请孩子们探索指示剂的迷人世界（见图12-2）。在鲜花、水果和蔬菜中发现的许多天然染料都是很好的指示剂——这些物质在特定条件下会发生转变，并可作为了解其他物质性质的线索。通常，这种转变是颜色变化。在本课中，我们使用紫甘蓝汁——一种在酸或碱存在的情况下会显著改变颜色的物质，从而"不用蜡笔着色"。

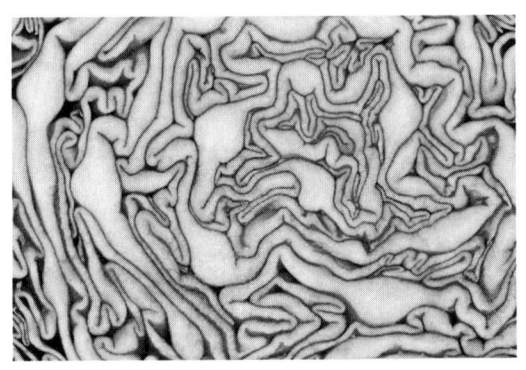

图12-2　颜色的变化

开放式课程包含着许多大概念的潜在可能，取决于教师选择如何与孩子们协商课程。以下是孩子们可以在本课中探索的一些大概念，这些概念的表达方式是专门作为供教师参考的背景信息而设计的。

（一）大概念

教师评估儿童思维的能力对于教授大概念至关重要。因此，本节将把对大概念的描述和一些示例方法联系在一起，这些方法被用来评估幼儿与这些概念的互动和对这些概念的构建。与本课相关的一些最常见的大概念包括：

- 科学证明要求科学家一次控制一个变量；
- 数量很重要——测量；
- 顺序很重要——持续追踪；
- 不同的工作需要不同的工具；
- 可以根据物质在紫甘蓝汁中的反应进行分类（有些物质变成粉红色，有些变成绿色，还有一些根本不变色）；
- 从煮过的紫甘蓝中能提取出一种被称为花青素的化学物质，当紫甘蓝溶液与酸性或碱性物质接触时，花青素是引发颜色变化的化学物质。

任何材料的颜色都是由它的化学成分决定的，正是这种化学成分决定了光如何从材料上反射以及我们的眼睛如何看到它。这种特定的颜色变化使我们可以将紫甘蓝溶液作为酸或碱存在的指示剂。紫甘蓝溶液在酸的作用下从深紫色变为亮粉色。这种变化的发生是因为酸改变了紫甘蓝溶液的化学成分，使其反射了更多的红色光波。紫甘蓝溶液在碱的作用下从深紫色变为绿色，是因为碱改变了紫甘蓝溶液的化学成分，使其反射出更多的绿色光波。在中性（非酸性或碱性）溶液中，紫甘蓝溶液保持其原始的深紫色。

紫甘蓝只是许多天然存在的酸/碱指示剂中的一种。还有其他许多天然指示剂，特别是甜菜、蔓越莓、蓝莓、绣球花和天竺葵。有些只对酸有效，有些只对碱有效。有些孩子可能想设计一个实验来证明这些新指示剂中的一个或多个可以检测酸或碱，或可以检测酸和碱，或根本不能检测酸或碱！

在孩子们创造和探索的过程中，鼓励他们以适合自己的方式（如绘画、草图、照片、书写等）记录他们的发现和结论。

（二）生成的相关问题

本课基于问题的学习情境如下。

让我们在小杯子里上演一场"色彩秀"吧！我们能把有的紫色变成粉色，把有的紫色变成绿色，然后再变回紫色吗？

（三）材料/教学过程

紫甘蓝	牛奶	橙汁
醋	葡萄柚汁	酒石酸氢钾
西蓝花汁	苏打水	盐水
糖水	画笔	咖啡过滤器
勺子	搅拌器	容量为30毫升的杯子和盖子
液体滴管		

将上述所有材料分别放入带标签的容量为30毫升的杯子里，并附上一根滴管，提供足够数量的白纸或塑料杯和滴管，其数量应足够满足整个组使用。每个孩子或小组都需要几个空杯子。

鼓励孩子们把几滴紫甘蓝汁和几滴他们的"测试"溶液混合在一个空杯子里，看看紫甘蓝汁会变成什么颜色。孩子们可以让杯子里变成粉色的紫甘蓝溶液再变回紫色吗？他们需要加什么？鼓励他们以最适合自己的方式追踪自己的工作。

（四）制作紫甘蓝指示剂

将一棵紫甘蓝切成小块，用尽可能少、刚刚能没过紫甘蓝的水将其煮沸约10分钟。将溶液慢慢倒入罐子中，然后将其存放在冰箱中。将它分装到小杯子中供孩子们使用，使孩子们可以用滴管来调配。

确保孩子们穿上围裙以保护他们的衣服，戴上塑料手套以保护他们的手不被紫甘蓝溶液染色，尽管紫甘蓝溶液是可食用的，当然也是无毒的，但它会弄脏手指。由于乳胶过敏比较普遍，请孩子们使用非乳胶手套。虽然所有产品都是安全的日常用品，但在科学实验的背景下，孩子们仍然应该戴上护目镜以保护他们的眼睛，以防滴管喷出或溅出液体。

本实验不允许品尝任何物品，以避免任何可能发生的过敏反应或细菌、污染物的传播。

在孩子们有了多次实验机会之后，教师可以提出挑战：用我们特制的彩色展示纸来画一幅彩色展示图怎么样？

准备彩色展示纸时，将咖啡滤纸浸泡在紫甘蓝汁中，然后晾干。孩子们可以使用牙签、棉签或蘸有他们实验过的任何物质的画笔在这些特殊的纸上作画。纸张上出现的颜色是由他们用作"颜料"的物品决定的。

三、摇一摇

本课中将请孩子们来辨别"凝乳和乳清"以及"黄油和脱脂乳"（见图12-3）。在本课中，孩子们可以发展多种测量技能：计算摇晃的次数、追踪指针钟的指针或查看数字钟上的数字。他们还可以阅读或聆听童谣，探索世界各地粮食生产的传说和历史记录。本课提供了一个情境，孩子们可以在其中研究科学观念的历史发展。

开放式课程包含着许多大概念的潜在可能，取决于教师选择如何与孩子们协商课程。以下是孩子们可以在本课中探索的一些大概念，这些概念的表达方式是专门作为供教师参考的背景信息而设计的。

图 12-3 辨别材料

（一）大概念

教师评估儿童思维的能力对于教授大概念至关重要。因此，本节将把对大概念的描述和一些示例方法联系在一起，这些方法被用来评估幼儿与这些概念的互动和对这些概念的构建。与本课相关的一些最常见的大概念包括：

- 牛奶是一种复合物质；
- 黄油可以用牛奶中的奶油制成；
- 奶酪可以用温的酸化奶制成；
- 酸在奶酪的制作中扮演着重要角色；
- 盐可以保存食物；
- 科学随着人们的想法而发展。

孩子们如何处理原料以及探究过程中他们的非正式对话，是了解其思维活动的窗口。教师要记录孩子们的自发谈话并鼓励他们对自己的观点进行论证。例如，如果看到两个孩子在测量，那么教师可以询问他们测出的量有何不同。它们是否有大小、轻重、长短等方面的不同？孩子们的回答可以帮助教师确定数学课的下一步内容，教师也有可能让孩子们分组进行后续调查，或针对孩子们当下的观点扩展当前的课程。

（二）生成的相关问题

本课基于问题的学习情境如下。

如果将一小杯浓奶油和两小杯牛奶混合在一个带盖的干净罐子中，然后用力持续稳定地摇这个密封的罐子，会发生什么？你会得到什么？

将孩子的注意力集中在混合物的外观上。在他们摇晃的过程中，让他们取下盖子定期查看内部。会有两种产品出现——凝乳和乳清——这是许多儿童饮食的一部分，但现今我们将它们称为松软干酪。

制作凝乳和乳清后，阅读童谣《玛菲特小姐》(*Little Miss Muffet*) 和《贝蒂·波特》(*Betty Botter*) [1]。

玛菲特小姐

玛菲特小姐坐在小土堆上，

吃着乳酪点心；

一只蜘蛛爬过来紧挨着她

把玛菲特吓坏了。

贝蒂·波特

Betty Botter

---

[1] 《贝蒂·波特》(*Betty Botter*) 是一首著名的绕口令，其中的 butter（黄油）与本课有关，直译无法押韵，故原文呈现。——译者注

had some butter,
"But," she said,
"this butter's bitter.
If I bake
this bitter butter,
it would make
my batter bitter.
But a bit of
better butter —
that would make
my batter better."
So she bought
a bit of butter,
better than
her bitter butter,
and she baked it
in her batter,
and the batter
was not bitter.
So 'twas
better Betty Botter
bought a
bit of better butter.

（三）材料／教学过程

浓奶油	牛奶	干净的带盖塑料罐
测量容器	纱布	小杯子
面包或饼干	塑料奶油刮刀	小砝码

（四）第一轮：黄油

将一份浓奶油和两份牛奶放入罐子，请孩子们摇一摇。给孩子们的说明包括有意设置的模棱两可的短语"小杯子"，以便孩子们在第一次测量时可以使用任何工具，在第二次测量时还需要弄明白如何将其加倍。为了节省材料并降低成本，教师提供了小杯子。当孩子们看到他们的罐子里出现上浮的固体时，让他们撇出固体部分。这就是黄油。而液体部分就是脱脂乳。

（五）第二轮：奶酪

鼓励儿童用安全的方式加热脱脂乳，将它放在阳光充足的窗户附近或将装有脱脂乳的小罐子浸入一盆热水中。稍微加热后，倒入几滴醋或柠檬汁，静置1小时。让儿童将混合物倒入纱布中，将大块凝乳与液体乳清分开。这对他们来说将是一个挑战，并且会出现泄漏。如果可能的话，在旁边放上纸巾以及一些你以前制作的凝乳和乳清，以此来示范解决问题的行为。将凝乳在纱布上多过滤一会儿，让多余的液体滴出。纱布上剩下的就是软奶酪了。

准备好安全护目镜，以及一桶热水或一些热源，热水或热源需要由成人助手帮忙照看。

奶油在摇罐中分离成固体（黄油）和液体（脱脂乳）。将固体黄油涂抹在面包上，如果孩子对小麦过敏，可以将面包换成无麸质饼干。在父母允许的情况下，孩子们可以品尝到新鲜的黄油。

牛奶加热后，在一些凝结剂（在这个例子中是酸）的帮助下，分离成留在纱布上的固体（凝乳）和通过纱布过滤的液体（乳清）。将固体（凝乳）涂抹在一片面包或任何孩子们对其不过敏的食物上。在父母允许的情况下，孩子们可以品尝固体部分。它就是软奶酪。

感兴趣的孩子可以继续这个过程，他们可以按照 18 世纪农民的方式来清洗黄油并腌制保存。每 2 杯黄油加入 1 勺盐。在食用黄油前，农民会把盐洗掉。奶酪也可以这样用盐保存。

为孩子们准备天平，以便他们在每个步骤前后计算各种成分的重量。指导孩子们正确使用天平和进行计算。

四、粘在一起

本课为孩子们提供了一个制作胶水的简单计划（见图 12-4），一个没有标明大量原料成分的计划。孩子们测试原料的各种不同组合，以制作有效的胶水——它能成功地将纸粘在一起。孩子们尝试过滤、加热和冷却的方法。用牛奶制作胶水总是让孩子们感到惊奇。牛奶的主要成分是水，用牛奶制作防水胶水，成人都会为此感到惊讶！

开放式课程包含着许多大概念的潜在可能，取决于教师选择如何与孩子们协商课程。以下是孩子们可以在本课中探索的一些大概念，这些概念的表达方式是专门作为供教师参考的背景信息而设计的。

图 12-4 用牛奶制作防水胶水

（一）大概念

教师评估儿童思维的能力对于教授大概念至关重要。因此，本节将把对大概念的描述和一些示例方法联系在一起，这些方法被用来评估幼儿与这些概念的互动和对这些概念的构建。与本课相关的一些最常见的大概念包括：

- 物质具有不同的属性；
- 不同比例的物质含量会产生不同的质地和稠度；
- 物质混合、加热或冷却的顺序会影响它们的特性；
- 温度影响物质结合或分离的方式；
- 不同的工作需要不同的工具；
- 水可以改变物质的特性；
- 科学随着人们的想法而发展。

培养适合儿童需要和能力的任何形式的随手记录习惯。有的孩子会独立写字，有的会拍数码照片，还有的会画画。如果你或其他成人可以按照孩子的口述方式为他们做记录，那么这个过程将有助于记录的科学化，它也是发展儿童早期书写能力的一个重要方面。向孩子们介绍（或提醒孩子们）本章前面所讨论过的"一次改变一个的规则"。他们的回应反映了他们目前在参与任务时所考虑的变量。注意每个孩子的反应。在制作胶水的过程中，帮助孩子测量、记录他们正在做什么，并让其分享他们这样做的原因。例如，如果按程序"加热牛奶"，那么孩子们会如何尝试加热牛奶？如果他们决定把牛奶浸入热水中，那么他们将如何操作牛奶的容器？过程中的每一步都需要做出多个决定，而孩子们如何做决定是了解其思维活动的一个窗口。注意他们的过程。

（二）生成的相关问题

本课基于问题的学习情境如下。

我们希望为学校节日制作一个纸链。让我们制作一些胶水将纸链粘在一起。这是制作胶水的配方：

- 加热牛奶，加入醋并搅拌；
- 设计一种分离凝乳和乳清的方法；
- 在凝乳中加入小苏打和水；
- 你制作好了胶水。如果没有制作好，那就改变配料的分量。

给孩子们看各种白胶的标签。它们通常都会有牛的图片。问问孩子这可能意味着什么。白胶通常是由牛奶制成的。

给孩子们看看下面的配方。过程中故意不列出数量，以鼓励对话和比较，以及向那些比同伴更早开始的孩子们学习。以这种方式编写的配方让孩子们思考他们在做什么，并在此过程中解决问题。所有成分都是按小量进行分配和测量的。

（三）材料／教学过程

牛奶	冷水	热水
咖啡滤纸	筛子	纱布
醋	小苏打	橙汁
酸橙汁	柠檬汁	8厘米×30厘米的纸条
30毫升或60毫升的杯子	任何类型的搅拌器	

准备好安全护目镜，以及一桶热水或一些热源，热水或热源需要由成人助手帮忙照看。作为本课程的延伸，可以添加奶粉或不同脂肪含量（脱脂、脂肪含量为1%或2%）的牛奶作为实验变量。

如果本课是在"制作清洁剂"一课之后，你可能会想要再次使用紫甘蓝汁作为酸或碱存在的指标。鼓励孩子们测试牛奶和醋。

介绍我们的祖先在奶制品的各种用途方面的创造发明故事。例如，奶酪、冰激凌和树脂塑料的历史对所有年龄段的儿童来说都是引人入胜的故事。

五、用饼干覆盖

在本课中，孩子们通过尝试用各种形状的饼干完全覆盖一块矩形板来开始对镶嵌式覆盖（tessellation）的探索。什么是镶嵌式覆盖？这个词是指由重复的形状组成的图片或设计图样，以对称的方式覆盖某个平面的表面，且没有重叠或间隙，如图12-5所示。"tessera"在拉丁语中的意思是"一个小石块立方体"。这些立方体被用来制作镶嵌图案，也就是罗马建筑中常见的马赛克图案。镶嵌式覆盖也可以称为铺瓷砖。

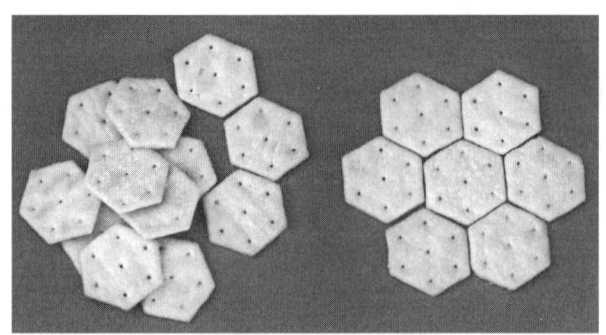

图 12-5　用饼干覆盖

在本课中，孩子们尝试将他们的三维设计转化为纸上的绘画。孩子们通过思考镶嵌式覆盖在古代艺术和现代设计中的作用，以及设计制作饼干时使用镶嵌式覆盖的好处，来扩展他们的学习。

开放式课程包含着许多大概念的潜在可能，取决于教师选择如何与孩子们协商课程。以下是孩子们可以在本课中探索的一些大概念，这些概念的表达方式是专门作为供教师参考的背景信息而设计的。

（一）大概念

教师评估儿童思维的能力对于教授大概念至关重要。因此，本节将把对大概念的描述和一些示例方法联系在一起，这些方法被用来评估幼儿与这些概念的互动和对这些概念的构建。与本课相关的一些最常见的大概念包括：

- 镶嵌可以通过旋转（旋转物体意味着将其旋转到某个角度）、倒映（倒映物体意味着产生其镜像）或平移（平移物体意味着移动它，但不能转动它或把它放在它的镜像中）来进行。
- 一些有规则的形状可以与自身镶嵌在一起，如三角形、正方形和六边形。
- 一些有规则的形状可以相互镶嵌。例如，八边形和正方形；六边形和三角形；十二边形和三角形；十二边形、正方形和六边形。

将饼干的设计图样转移到纸上，这是一项从三维到二维的挑战，不仅对幼儿来说很困难，对成人来说也是如此。有些孩子喜欢挑战，并花了大量时间画画。其他学生则开始自由画图，并没有与镶嵌挑战发生直接关联。当孩子们工作时，要使用多边形的常规术语，但当孩子们对每个形状使用自己的术语时，不要去纠正他们。鼓励孩子在思考倒映时使用术语"镜像"，在他们思考形状平移时使用"滑行"，在他们思考转动时使用"旋转"。所有这些概念都是几何学的核心，也构成了化学的基础。

当我们为幼儿提供机会，让他们通过在矩形板上放饼干来建立倒映、旋转和平移的概念基础时，我们也增加了未来他们在微观层面更好地理解分子间相互作用的可能性。

（二）生成的相关问题

本课基于问题的学习情境如下。

我们可以有多少种方法来使饼干完全覆盖这个矩形，且饼干之间没有交叠和空隙？

（三）材料 / 教学过程

各种饼干	各种瓷砖	各种形状的木块
记号笔	铅笔	蜡笔
剪刀	方格纸	白纸
等距点纸	矩形板（约 30 厘米 ×30 厘米）	小镜子

【注意】教师需提供各种可嵌合的饼干，还有一些不可嵌合的饼干。此外，还需提供可以相互镶嵌的饼干。

(四)网络资源

M. C. 埃舍尔(M. C. Escher)是最著名的在其艺术作品中使用镶嵌手法的艺术家。教师可以从网上下载一些资源供孩子们使用。

下一章将通过另一个课程模型来强化本章中介绍的课程规划概念,该课程模式使用了一个不同的主题——水。

第十三章

水、土壤、沙子和盐：地球科学单元

本章重点介绍水在我们的星球和我们的生活中所扮演的独特角色，以及水、土壤、沙子和盐之间迷人的相互作用。接下来是一个以问题为基础的关于自然科学概念及过程的调查研究单元，也包括让孩子们有机会研究水、沙子、土壤和盐的特性，这些特性与地球上的生物和化学现象相关。

以下五节课都曾经过实地检验，且每节课都需要教师和孩子们一起来努力，通过观察、探索和参与某种类型的转变，或者将一些东西拆开或组合起来，来解决各种各样跨越年龄、超越时间的挑战。在每节课中，教师都要有意识地重视对幼儿的行为和陈述的组合与重构，并邀请幼儿将他们先前的经验与他们在活动中的发现联系起来。

本章使用了与第十二章相同的课程结构，每节课都从一个挑战情境开始，用来激发孩子们对课程大概念的兴趣，并包括对每节课的大概念、材料和教学过程以及评估儿童学习的多种方法的描述。

一、在水的边缘

本课包括四个指定活动,这些活动会引发孩子们通常自己提出的其他许多活动。孩子们对水的显著特征以及水在我们的星球和我们的生活中所扮演的角色着迷。从水滴高度圆润的形状,到昆虫能够在池塘的水面上行走,水的许多惊人特性和广泛现象使其成为孩子们直接感兴趣的话题,孩子们可以通过它更好地了解我们的星球。

幼儿不需要使用"表面张力"这个术语。然而,表面张力及其高度内聚力解释了水的许多强大特性。在本课中,孩子们观察形状、大小和数量;在倾倒、放置、抓握和挤压时练习精细动作和粗大动作技能;产生表面张力的转变;并对纯净的水与肥皂水的特性进行分类(见图 13-1)。

图 13-1 水的表面张力实验

开放式课程包含着许多大概念的潜在可能,取决于教师选择如何与孩子们协商课程。以下是孩子们可以在本课中探索的一些大概念，这些概念的表达方式是专门作为供教师参考的背景信息而设计的。

（一）大概念

教师评估儿童思维的能力对于教授大概念至关重要。因此，本节将把对大概念的描述和一些示例方法联系在一起，这些方法被用来评估幼儿与这些概念的互动和对这些概念的构建。与本课相关的一些最常见的大概念包括：

- 水具有很高的表面张力和内聚力；
- 肥皂或洗涤剂会破坏水的表面张力；
- 纯净的水的表面可以在杯子上方隆起，而肥皂水不能。

正如前几章所述，教学和评估是同一活动的不同方面。为教学提供信息的评估工具与教师进行教学指导所使用的工具是相同的。仔细倾听儿童的猜想或理由，要求孩子们解释他们的预测，并对他们的原始陈述进行追踪跟进，都是教师评估学生的学习和确定下一个教学步骤的机制。例如，教师可能会展示水黾（一种可以在水面上行走的昆虫）的图片，并让孩子们将水面上的昆虫与他们刚刚进行的实验进行比较。

下一节中将描述的任务——将水堆在一枚硬币上，在水面上放置回形针，让船在自制的海湾中快速行驶，或者迫使牙签在一碗水中互相远离——都创造了"认知需求"并给儿童提供了思考水的特性的机会。当孩子们在工作时，请他们分享他们对正在发生的事情的预感，并鼓励他们以任何适合孩子年龄和倾向的方式跟踪他们的想法。他们想书写、画画、拍照、口述、画素描还是做造型？

（二）生成的相关问题

本课包括了四项看起来不同的活动，但他们都探索了相同的概念——即水具有能使其成为一个整体的高表面张力和内聚力。

任务 1　你的杯子溢出来了吗？

- 尽量往玻璃杯里倒满水。
- 你可以在装满水的玻璃杯上放几个一次性纸杯？
- 观察玻璃杯里水面的变化。

任务 2　硬币的表面能滴几滴水？

- 预测在水从硬币边缘流出之前你可以滴多少滴水。然后再试一遍。
- 往滴在硬币上的水中加入一滴清洁剂。接下来发生什么了？

任务 3　你的船能快速开起来吗？

- 从索引卡上剪下一张船形纸片。让"小船"漂浮在水中。在船后放一滴洗涤剂。接下来发生什么了？再试一次。

任务 4　牙签和水

- 将两根牙签轻轻地放在碗中的水面上。在两根牙签之间滴一滴清洁剂。接下来发生什么了？

（三）材料/教学过程

易于倒水的小容器	液体滴管（塑料吸管）
不易碎的小盘子	索引卡、蜡纸或薄纸板
牙签	剪刀
许多回形针	透明塑料小杯

（四）教师的注意点

为了让学生继续研究水的表面张力及其在肥皂或清洁剂存在的情况下的性质变化，教师可向孩子们提出从他们的任务中生成的新问题。例如，如果孩子们问硬币上能存住的脏水滴是否会比干净的水滴少，请鼓励他们尝试一下。可以帮助他们通过往干净的水中添加土壤和碎草屑来制造脏水，并帮助他们计数和比较水滴的数量。

二、非常干净的水

本课展示了一项听起来非常简单的任务——净化脏水（见图13-2），但它充满了构建实验、学习控制变量、测量时间、计算距离、确定粒子大小、对一系列活动进行排序的机会。总的来说，本课介绍了一系列的科学处理技能。

图 13-2　净化脏水

净化脏水涉及环境保护原则，并在所有社区生活中发挥着极其重要的作用。本课可以说明在社区中进行团队合作和创造性思维的必要性，以确保我们可以饮用和使用干净的水。

开放式课程包含着许多大概念的潜在可能，取决于教师选择如何与孩子们协商课程。以下是孩子们可以在本课中探索的一些大概念，这些概念的表达方式是专门作为供教师参考的背景信息而设计的。

（一）大概念

教师要善于评估儿童思维，这对教授大概念至关重要。因此，本节将把对大概念的描述和一些示例方法联系在一起，这些方法被用来评估幼儿与这些概念的互动和对这些概念的构建。与本课相关的一些最常见的大概念包括：

- 过滤可以将溶质与溶剂、大溶质与小溶质分离；
- 过滤器材的尺寸决定了它能完成什么任务；
- 较小的孔径会减缓净化过程，但会使净化过程更有效；
- 在净化水的过程中，水会有损失。

孩子们可以通过他们的行为告诉你他们的很多想法。记录孩子们的事件顺序、提出的问题、预感或原因陈述，以用于对他们的学习的评估。

与孩子们讨论如何解决问题，并讨论需要组装哪些材料。从这个讨论中，你可以推断出孩子们原有的许多概念。教师应注意确保安全。分离技术作为一种发现我们的世界如何运行的常见实验工具，在科学界比比皆是。将孩子们的注意力集中在不同的过滤方法上。鼓励他们注意描述溶质的性质，颗粒大小，筛子、过滤器、织物的孔径大小，等等。

由于完成任务需要多个步骤和对渐进式的变化的观察，许多教师会使用这项活动来强化科学处理技能和写作技能。

（二）生成的相关问题

过滤脏水，直到你对它的清洁度感到满意为止。使用任何你认为可行的材料、工具或设计方案。

（三）材料/教学过程

水	土壤、盐、沙子、鹅卵石和其他安全的当地材料
纸巾	咖啡滤纸
纱布	网
过滤器	不同大小的漏斗
滤网	不同尺寸的杯和桶
护目镜	立体显微镜或袖珍显微镜
放大镜	不同直径和长度的透明管
围裙	各种彩色纸作为背景
手套	不同孔径的筛子

许多孩子都会被立体显微镜吸引。确保有不同的彩色纸作为背景，以查看各种土壤中的"污染物"。

大多数孩子不会考虑过程所用的时间。经过几次不加时间限制的努力尝试之后，可将本课作为讨论时间的潜在价值的一个机会：社区想要在最短的时间内净化他们的水吗？

三、泡在水中的水果

本课用水果（见图 13-3）来探索沉与浮的概念，这个探索过程基于一个更大的框架，即世界上的所有物体都是更大的系统的一部分。水果提供了现成的小而高密度的物体和大而低密度的物体的一个来源，这些物体有助于孩子们质疑物体在水中的表现。本课还利用孩子们将下沉物变成漂浮物和将漂浮物变成下沉物的能力，来阐述"材质"和"空间"的概念。

图 13-3　泡在水中的水果

在本课中，教师将构成物体的物质称为"材质"，将物体占据的体积称为"空间"。这堂课可以吸引孩子们长时间地参与，因为他们的调查可以延伸出很多问题：水果的漂浮或下沉是否会随着时间的推移而发生变化？水果削皮后会发生什么改变吗？切水果重要吗？加盐会改变浮力吗？加糖会改变浮力吗？问题会不断地涌现出来。

开放式课程包含着许多大概念的潜在可能，取决于教师选择如何与孩子们协商课程。以下是孩子们可以在本课中探索的一些大概念，这些概念的表达方式是专门作为供教师参考的背景信息而设计的。

（一）大概念

教师评估儿童思维的能力对于教授大概念至关重要。因此，本节将把对大概念的描述和一些示例方法联系在一起，这些方法被用来评估幼儿与这些概念的互动和对这些概念的构建。与本课相关的一些最常见的大概念包括：

- 物体在盐水中比在淡水中受到的浮力更大；
- 一个物体可以漂浮在一种溶液中，但不能漂浮在另一种溶液中；
- 物体是否漂浮受溶液的影响；
- 某些去皮和未去皮的水果在水中的表现不同（去皮的橙子会沉入水中，而未去皮的橙子会漂浮在水中）。

将一片水果直接悬浮在一杯水中的过程是一项艰巨的任务。但它是一项值得付出努力的任务。先加盐，再加水，然后再进行这两个过程，这相当于平衡一个代数方程，因此，这是一项重要的活动，可以作为未来数学运算的参考。

让孩子们说出他们的理由。将他们的注意力集中在橙皮的数量上，或请他们将橙皮和果肉分别漂浮。术语"果皮"和"外皮"也经常被用于表示橙皮。一些学生实际上将薄的橙皮与白色的苦果皮（称为"橘络"）分开，以表明那不是果皮而是橘络，或漂浮的"白色物质"。

当孩子与水果和水互动时，教师需要积极倾听并提出新的问题来拓展孩子们的探究。教师可利用活动时间记录学生们的谈话和思考。他们正在分享自己的假设和他们对显著变量的看法。教师可以记录有关学生思考的信息，以备将来讨论。

（二）生成的相关问题

教师给每个孩子一杯水，水的底部有一颗葡萄。教师可以设置以下基于问题的学习情境。

这是湖中的一颗葡萄，你能把湖变成一个咸的大海，让葡萄游在海洋的水面以下、海水中间的那个深度吗？

让孩子们在这个问题上多花点时间。在他们做这个实验的过程中和完成实验之后，鼓励他们讨论他们的发现并分享他们的推理论证过程。用适合孩子们调查研究的其他挑战来回应他们。

在后续挑战中，向孩子们展示一大桶水和一个完整的橙子。问问他们，当橙子掉入一大桶水里时会发生什么。在孩子们分享了回答后，把橙子和一大桶水放在一边，不要让橙子掉进去。取而代之的是，分发小碗水和一片带皮橙子的切片，并提出如下建议。

用这些切片做实验，然后告诉你的同学你是否想改变你对大桶里整个橙子的预测。

一些学生会剥去他们手中切片的橙子皮，这对橙子切片受到的浮力有显著的影响。有些人会回到葡萄旁给葡萄剥皮，然后将其放入水中，并注意到这样做对其浮力的影响很小。

（三）材料 / 教学过程

透明塑料杯	小勺子
白葡萄和红葡萄	完整的橙子和切片的橙子
其他可以找到的水果	
容器里的水（孩子们可以自己倒）	
装在容器里的盐（孩子们可以自己舀出来）	
装在容器里的糖（孩子们可以自己舀出来）	

在探究中使用任何食品时，教师都要树立榜样，并强调好生对待这些为世界人口提供营养的天然产品。

这种探究可以促使孩子们思考水果，通常来说，还可以拓展出其他课程来研究世界各地的独特水果。在进行这项研究时，孩子们通常还会开始研究各种非食物物品的浮力特性。

四、水车在工作

本课中，孩子们在参照真实的水车（见图13-4）设计水车（见图13-5）并对其进行改进以使其工作的过程中探索了水车的工作原理。为了让水车完成吊货的工作，孩子们需要设计出将三块不同的"拼图"拼在一起的方法，以便让每块拼图能同时移动。孩子们创造了一个系统，使轮子、轴和一杯硬币一起移动！这是一项具有挑战性的任务，但当它完成时会赢得所有人自发的掌声。

图13-4　真实的水车

图 13-5 设计水车

有些孩子可以从零开始设计一架可以工作的水车。而一些空间组织能力不太强的孩子需要看看一些已经安装好的水车——这些水车可以是买来的或其他孩子做好的——然后才能学习开始本课，探索水车能够做哪些工作。对于不会制作水车但会使用水车的孩子来说，工程上的挑战是上下移动货物，他们通常希望重复多次。作为水的替代品，米粒也可以与买来的水车一起使用，让孩子们探索力量（见图 13-6）。

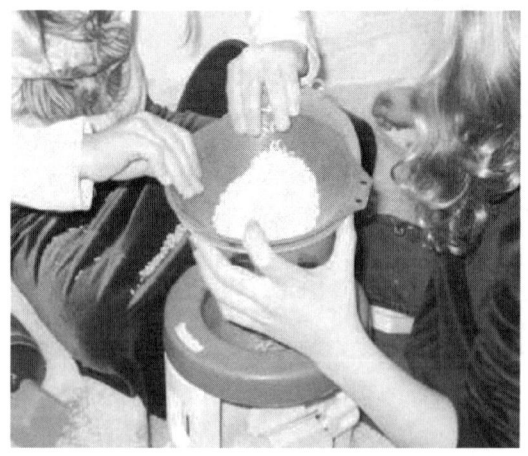

图 13-6 探索水车

开放式课程包含着许多大概念的潜在可能，取决于教师选择如何与孩子们协商课程。以下是孩子们可以在本课中探索的一些大概念，这些概念的表达方式是专门作为供教师参考的背景信息而设计的。

（一）大概念

教师评估儿童思维的能力对于教授大概念至关重要。因此，本节将把对大概念的描述和一些示例方法联系在一起，这些方法被用来评估幼儿与这些概念的互动和对这些概念的构建。与本课相关的一些最常见的大概念包括：

- 轮子和轴组合成一台机器；
- 轴是一根杆子，它穿过轮子并使它转动；
- 机器可以改变力的方向；
- 机器使用能源来工作；
- 功率是指在一定时间内完成的工作量。

在历史上，水车一直被用作利用流水力量的工具。水车最常见的用途之一是用于在磨坊中磨面粉，但水车也一直被用于在河流和平静的水域中为船只提供动力，以及为各种类型的工厂提供动力。

有许多类型和变体的水车，但基本上它们都由某种类型的轮子组成，有的轮子是垂直式的，有的轮子是水平式的，有的轮辋上有叶片或铲斗用于接水并推动轮子。轮子连接到一个轴上，而轴又连接到某些结构上以完成某类工作，如点亮灯泡、磨碎谷物或举起货物以及其他许多任务。

轮子主要有两种类型。上冲式轮子[1]截流高空中的水流，如瀑布；下冲式轮子[2]通常从轮子的底部截流，通常被用在流动的河流或溪流中。

---

[1] 指由上面的水流冲击而转动的轮子。——译者注
[2] 指由下面的水流冲击而转动的轮子。——译者注

设计水车的工程原理是所有人造机器都涉及的基本原理,包括相同的试验和改进周期。一个常见的"第一次尝试"会制造出一个移动的轮子和一个不动的轴。认识到轴不动是一个重要的里程碑;设计一种让轴随轮子一起移动的方法则是另一回事。在"轮子—轴"组合中添加一杯硬币是另一个巨大的挑战。当孩子们工作时教师会做笔记,提供工程建议,并与孩子们共同探索。

(二)生成的相关问题

本课基于问题的学习情境如下。

招工广告!我们需要一名水车工程师。设计你的终极轮子,将一杯硬币从码头抬到甲板上!

准备学习空间时,请使用去除顶盖的大纸板箱。将一个小木销子固定在纸箱的凹槽上,作为水车轮的轴。你也可以用两把椅子,把销钉放在椅子的顶部并用胶带或木板固定,如图 13-7 所示。

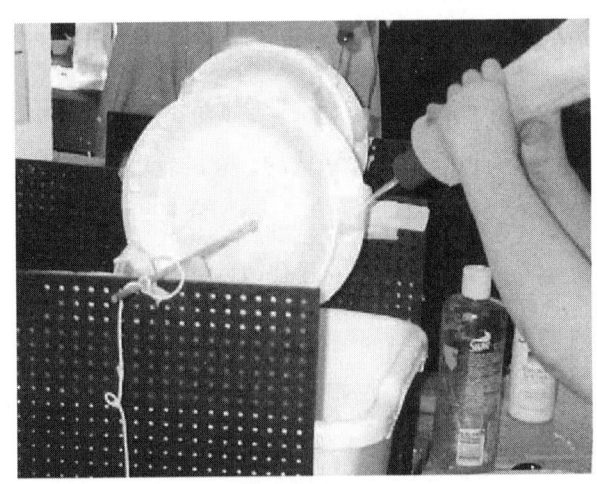

图 13-7　制作水车

（三）材料/教学过程

胶带	剪刀
回形针	充当货物的硬币
细绳	装满水的塑料挤压瓶
纸巾和毛巾	拖把
30 毫升或 60 毫升的杯子（可用作叶片）	30 毫升或 60 毫升杯子的杯盖（可用作叶片）
销钉或硬纸筒（可用作轮轴）	
用于把轮盘和轮轴固定在一起的支架	
用来接水的大号铝箔"烤盘"	
用于连接和用作轮子的聚苯乙烯泡沫板	
用于固定轮子、杯子和盖子的防水胶	

瞄准水车上的不同叶片位置，挤压瓶装水可以改变升力。孩子们可以探索将水对准水车上不同叶片时的差异。

教师可以随时提供建议来启动设计过程。例如，教师可能会建议孩子们通过将绳子一端固定在轴上并将另一端固定在杯子上从而提升一杯硬币。有了这个提示，孩子们通常会接受这个想法，并根据自己的想法进行调整。

五、来自海滨和商店的沙子

沙子通常被认为是"坚硬的石头碎片"（见图 13-8）。但是这个定义并没有体现出它给幼儿和其他各个年龄段的人带来的快乐。沙子有多种用途。它是砖和混凝土的原料，可用于净化水和给建筑物喷砂，它可以被涂上油并用作砂型铸造的模具，它还可以粘在纸上做成砂纸用来打磨木材。此外，最让孩子们惊讶的是，沙子是玻璃的主要成分。

图 13-8 沙子

本课为孩子们提供了有组织安排的机会，让他们仔细地观察这些令人惊叹的时间颗粒，通过筛选、分类和分离沙子，然后以新的方式组合它们，拼凑出关于他们的世界的故事。

开放式课程包含着许多大概念的潜在可能，取决于教师选择如何与孩子们协商课程。以下是孩子们可以在本课中探索的一些大概念，这些概念的表达方式是专门作为供教师参考的背景信息而设计的。

（一）大概念

教师评估儿童思维的能力对于教授大概念至关重要。因此，本节将把对大概念的描述和一些示例方法联系在一起，这些方法被用来评估幼儿与这些概念的互动和对这些概念的构建。与本课相关的一些最常见的大概念包括：

- 沙子在潮湿和干燥时具有不同的特性；
- 相同体积的沙子在不同的容器中看起来可能不同；
- 沙子由不同大小和形状的颗粒组成。

不同年龄段的孩子使用沙子来满足不同的需求，达到不同的发展里程碑。学步儿经常使用沙子来探索他们的感官。他们喜欢以各种方式感受沙子。他们可能会把沙子放进嘴里，这时教师可以简要地说："沙子是用来玩的，不是用来吃的。"

接下来，孩子们喜欢用沙子建造，要么堆起来建塔和房子，要么挖下去做隧道和洞穴。到4岁时，大多数人都喜欢扮演游戏，并使用沙子来创造他们富有想象力的世界和其中的物品。沙子可以变成蛋糕和一杯果汁用来假装吃喝，也可以变成手镯的造型。

沙子是什么？沙子的成分在很大程度上取决于它的来源。夏威夷许多海滩上的沙子是由玻璃和火山岩碎片中的矿物质组成。在加利福尼亚州，沙滩漫步所踩的沙子可能主要是石英，其中可能还有一些是来自附近山脉的长石和其他矿物质。不靠近火山或山脉的地区的沙子，可能几乎全是贝壳碎片、珊瑚或动物骨骼。通过仔细观察沙粒的大小、质地和颜色，我们可以试着解释它可能来自哪里、待了多长时间以及可能要去哪里。

本课为孩子们和教师提供了一个机会，给来自不同地区的朋友和亲戚写信，要求他们提供一些来自他们地区的沙子。它变成了一种真实的写信活动，一段时间后孩子们会很高兴地收到邮寄包裹。来自不同地区的沙子包含不同的元素，因此它们的外观和性能也不同。含铁的沙子吸热快，因此在炎热的天气去水边的沙滩上走一趟就会烫伤你的脚。相反，带有石灰石的沙子则摸起来很凉。

根据所研究的沙子的类型，课程可以涉及其他许多科学主题。如果沙子的铁含量高，在这节课中可用来研究磁力。给孩子们磁铁，看看他们是否能从沙子里吸出铁屑。或者把沙子放在咖啡滤纸上，然后在滤纸下面放一块磁铁。在磁场磁力线的作用下，孩子们也许能够看到由此产生的图案。虽然玩沙子可能是童年的经典活动，而且我们在早餐麦片中也会添加铁元素，但还是应该让孩子们戴上手套以确保安全。

国际沙子收藏家协会（The International Sand Collectors Society）多年来一直在研究沙子。协会收集了大量信息，还可以给你发送沙子的样本。

沙子课程提供了丰富的语言艺术机会。可以使用的适当术语包括：倾倒、模具、隧道、漏斗、桥接、筛选、种类、分类、分离、转换、试验、证明、空的、满的、倾斜、深的、浅的、宽的、窄的、吸收、洗涤、重的、湿的、粉碎、转动、分享、询问、讲述、计划、敲打、拍打和塑形。

（二）生成的相关问题

为每个孩子或小组"制造"一桶"土"。这桶土可以包含以下干燥的材料：细筛过的沙子、粗沙、岩石、石头、砾石、贝壳、鹅卵石、黏土、大理石、纽扣、珠子和每个桶里独有的、令人惊喜的物品。

本课基于问题的学习情境如下。

这里有一桶土。把它分类成尽可能多的不同项目。给你的朋友看。然后用你的物品制作自己的艺术品。

当孩子们开始他们的创造过程时，要区分不同发展阶段的孩子的任务。如果你班上的孩子想要做结构简单的造型或玩倒沙子的游戏，请将他们带到消毒过的沙子旁，还要准备水和不同形状的容器。也可以设计更有针对性的活动，提出以下挑战。

这是一个计时器。你有两分钟的时间和一个红桶。你能从这个红桶里舀出多少沙子到盘子里？

如果桶之间的体积相差整数倍，即有一个桶和一个容量是其两倍或三倍的桶，那么就会出现以下内容。

装满一个蓝桶需要多少红桶的沙子？一个白桶里可以填多少蓝桶的沙子？有什么规律吗？

通过将珠子倒入又高又窄的透明亚克力管并分析分层规律，年龄大一点的或更能干的孩子可以从这样的动态规律中受益。珠子在管中的分层过程类似于沙子的分离过程。有不同大小、不同颜色的珠子可供选择。

将珠子放入管中，观察管子是如何被填满的。在一个新管子中再试一次，但要以不同的顺序放入珠子。它们之间有区别吗？

（三）材料/教学过程

消毒过的游戏沙	筛网
来自户外（湖泊、花园、海洋等）的未经过滤的沙子	筛子
至少三种不同尺寸的珠子	过滤器
窄而高的透明亚克力管，一端带盖	网
用来盛沙子、岩石和砾石的杯子	纱布
带有不同角度和不同长度的手柄的勺子	咖啡过滤器
不同形状的容器，用于塑形和比较体积	勺子
边缘光滑的天然物品（贝壳、木头、鹅卵石）	磁铁
解剖/袖珍显微镜	放大镜
小型非乳胶手套	

用沙子学习可能会将教室里弄得乱七八糟的。要让保持教室整洁成为孩子们学习的一部分。将以下清扫工具放在附近，让大家都能看见，并贴上标签：一个长柄扫帚、簸箕、刷子以及一个小笤帚。

正如本章和第十二章所阐述的，教师在基于建构主义学习原则的课堂中扮演着多任务的角色。在本书的下一章，也就是最后一章，我们将探讨为了让孩子们参与科学思考，教师所创建的学习空间的特征。

第十四章

整合在一起

幼儿的成长和发展在很大程度上是以科学思维为基础的。然而，从历史上看，为明确的科学教学而组织幼儿的环境，这点一直次于对数学、艺术和读写能力的关注。本章通过提供创设环境的策略来对全书进行总结，这种环境有利于丰富科学经验，也能促进跨学科技能和知识的增长与发展。

一、把教室作为实验室

教师创设教室空间的方式为教室里可能发生的学习奠定了基础。有不少因素有助于学习空间的成功设计。威恩、科茨、基廷和比奇洛（Wien, Coates, Keating, & Bigelow, 2005）建议教师考虑以下因素。

- 孩子们如何使用教室的各个区域？
- 是什么让班级里吸引人的区域那么吸引人？
- 孩子们的消极行为发生在哪里，为什么会发生在那里？
- 从孩子的高度看这个房间，会怎么样？

这些问题的答案可以指导教师设置安排家具、学习区角、用品、机会以及教室生活的其他方面。

研究人员需要一个进行研究的实验室。对于孩子们来说，他们的"实验室"必须配备大量可以以多种方式使用的材料。孩子们需要获取信息（通过书籍、互联网或其他方式），并有能力随着调查研究的进展获取相关材料。为孩子们提供索取材料的机会，尊重孩子们的观点，将孩子们的调查研究拓展到他们思考的前沿，这样的教师就能让学习空间变成一个真正的实验室。

一个"真正的"实验室不需要昂贵或复杂的设备。正如一位新教师曾经说过的那样："我很惊讶地发现，你可以用这么少的东西做那么多的事。"用于幼儿实验的科学材料不过是日常用品，通常是我们扔进回收箱的物品，或者厨房、办公室里的常见物品。

（一）材料的可及性

一旦得到了（订购、捐赠或购买的）材料，教师就可以设置拿取材料的多种方式。重要的是让孩子们能够看到这些材料，而不是把它们藏在壁橱或柜子里。这样，孩子们就可以选择适合他们调查研究的材料。由天然材料制成的篮子提供了一种低成本的、轻便的整理方式。

在决定如何和何时拿出具体材料、如何放置和在哪里放置它们以激发学生的思考方面，教师发挥着重要作用。如果孩子们正在将米从一个桶或烧杯倒到另一个桶或烧杯中，教师就可以安静地在附近放置不同大小和开口的漏斗或不同大小的滤网。教师的这个小小行为能够为研究物质、运动、力等活动提供明确的新途径。漏斗也许已经出现在附近的另一个篮子里，但将不同漏斗以非语言的、微妙的方式放置在孩子目前的实验范围内，就打开了新的思考路径。

上面句子中的"能够"一词很重要。新的漏斗和过滤器可能会引发新的调查研究途径，也可能不会。教师必须小心，不要把孩子们认为自己不需要的东西强加给他们。材料提供了智力发展的机会，但前提是孩子能从材料中看到机会。

（二）材料的组织

教师组织材料的方式必须要能扩展而不是限制孩子的思维。材料的组织结构必须让孩子们的想法和问题能够在他们用材料做实验的过程中得到发展，这样孩子们就能发明使用材料解决问题的方法，并以多种方式（包括艺术、舞蹈、音乐、讲故事，等等）来思考。例如，一个标有"装东西的容器"的架子可能包括从烧杯到拉链袋，再到盒子的所有东西，从而促使孩子们判断哪种容器适合他们的需要。对手头的任务来说，容器的哪些属性（使用方便、透明、密封、平底等）很重要？

同样，一个标有"测量工具"的盒子里可能装着弹簧秤、温度计和尺子，从而使学生能够在不同的领域中广泛地思考测量。有了这样的组织结构，如果孩子们和教师正在寻找卷尺作为测量长度的工具来测量某个长而直的物体，他们就有机会讨论并"放弃"温度计这个测量"热度"的工具。

当材料的组织有助于孩子们进行调查研究时，他们就会开始组织自己对调查研究的思考。

（三）水是必要的

每个供幼儿使用的学习区角都需要有随时可用的水，以及可以加热或冷却水的工具。水是我们日常生活中必不可少的成分，也是地球上和我们体内的主要物质。它是一种具有独特性质的物质，能够让生命在我们的星球上存在。干净的水是一种安全物质，可为所有年龄段的人——尤其是年幼的孩子——提供大量的学习机会。一个带自来水的水槽是个理想的选择。但是，如果没有水槽，那么教师可以使用浴盆、水壶、水桶、垃圾桶和保温瓶。

（四）安全

在科学探索中，安全必须始终是第一位的。在家中和在学校里，所谓的适当安全也许看起来很不相同。在教室里，教师必须始终遵守学校政策、州和联邦法规，以确保学生的安全。在本节中，我们将讨论如何以安全的方式使用常用材料，以最大限度地提高学习效果，并最大限度地减少孩子受到伤害的可能性。

【眼睛】"化学品"这个词让人联想到毒性、危害和危险，然而，我们周围的一切都是某种化学物质：橙汁、牛奶，甚至水。在家里做意大利面时，你通常不会戴护目镜来烧水，但在正式的学习环境中你会戴护目镜。当你在家里混合化学物质（例如可可粉和热牛奶）时，你也不会考虑戴上护目镜。但是，在正式的学习区角里你会戴上护目镜。为什么呢？我们要用护目镜来保护孩子和我们自己的眼睛，因为有时即使物品是安全的，但是如果与其他物品混合在一起也会变得危险。想象一下，小苏打和醋被装在了一个用软木塞塞住的瓶子里，想想软木塞一旦成为弹射物就会对眼睛造成的危险。

【鼻子】我们可以利用幼儿的科学经验来开始教授研究的基本规定。在科学研究实验室里，我们如何闻某样东西？我们应将装有该物质的容器放在我们的鼻子前，用一只手轻轻地把气味挥向我们。我们要教导孩子永远不要直接把脸凑到容器上。

【嘴巴】在幼儿的科学体验中，品尝新食物、比较已知食物的口味或准备一道菜是很常见的。我们需要教育孩子，当我们以这种方式研究食物时，是可以品尝它们的。然而，大多数实验都不需要实验者将任何东西放入口中。教师需要反复叮嘱孩子们：未经成人许可，不要将学习环境中的任何东西放入口中。幼儿学习区角必须有一个方便的标准测试仪器，来测试所有可能造成窒息危险的物体。防窒息管是一个小的圆柱体，其开口大小与儿童的嘴或食道的入口相当。任何球、玩具或儿童可操作的物体都必须大于防窒息管的开口。

【手】改变物品的温度看看会发生什么，学习测量温度或为一顿饭准备原料都是重要的学习活动，但必须采取适当的安全措施。学生必须在接触材料之前和之后洗手，并且在接触任何可能非常冷或非常热的东西时必须用适当的绝缘材料保护自己的手。教师必须告诉学生，在未经父母或看护人许可的情况下，不要在家中尝试任何实验。当学生研究电学、磁学、光学和声学时尤其如此。

为防止割伤和擦伤，请尽可能使用塑料器具而不是玻璃器具。准备好用于清理溢出物和破损物的材料，并确保在物品溢出或破损时有对应的教室规程。使用温度计时，一定要使用新的酒精温度计，而不是旧款水银温度计。

【脚】儿童不得运输重物或从外形上看在跌落后可能会伤到脚的物品。如果需要运输或探索液体，建议儿童穿不露脚趾的鞋子。

（五）美国科学教师协会的立场声明

美国科学教师协会在国家和国际科学教育方面发挥着领导作用。它发布了关于对科学教学和学习很重要的关键问题的一些立场声明。

- 在科学课堂中负责任地使用活体动物和解剖
- 残疾学生
- 小学科学教育、环境教育
- 科学教育中的性别平等
- 公制的使用
- 多元文化科学教育
- 家长参与到科学教育中
- 安全与学校科学教育

二、学习科学过程中的"动词"

所有被精心收集和整理的材料，一个有充足的水、炉子和冰箱的房间，这些都不足以创造一个有利于知识构建的学习环境。学习环境需要赋予生命力，而教师的教学愿景决定了该环境促进儿童的智力培养和变得有活力的程度。

现在，我们展示了一系列基本的幼儿活动——要做的事情，或"动词"——来回顾本书的主要思想。

（一）小小研究者们在分类和分离

将协同工作的物质分离出来以更好地理解每个部分，是基础性的研究活动。今天，在世界各地的生物化学研究实验室中，科学家们使用一种由海藻制成的胶状物，通过电流将大片的DNA分离成小片的DNA，以确定它的起源。同样，孩子们可以使用过滤器和漏勺来筛岩石土壤，或用纱布和咖啡过滤器来获得干净的水。孩子们也可以使用过滤器和漏勺来过滤脏水，用纱布和咖啡过滤器来过滤岩石土壤。孩子们决定用什么工具最适合达到哪些目的。

随后幼儿整理自己的实验数据。幼儿可能不会说："咖啡过滤器的孔径太小，无法分离岩石土壤。"但幼儿可能会说："漏勺上的圆圈太大，无法接住水中的灰尘。"教师可能会大声问为什么土壤没有通过过滤器，并可能建议用袖珍显微镜来观察它。教师会讲述幼儿的世界并提供词汇，因为新单词能被幼儿速记，从而帮助幼儿建立概念。

（二）小小研究者们在测试和转变

事实上，幼儿从观看中学到了很多东西。但在理解转变方面，他们从制造转变中学到的比观看转变中学到的更多。幼儿需要有学习机会才会问自己,"我怎样才能改变它?"

能够被解开的困惑和永远神奇的谜团有什么区别?区别之处在于幼儿为解开困惑而努力的程度。如果幼儿可以改变一些东西并观察他们所做的改变的结果,那么他们学习的可能性就会增加。

幼儿可以进行两种类型的转变:组合和重构。

- 组合涉及重新排列部件,例如积木、小件工艺品或洋娃娃的衣服,同时包括诸如"更少""更大"或"不同"等概念和术语。
- 重构涉及不断变化的物质,如水、沙子或黏土,同时包括"变多""变少"或"不同"等概念和术语。

幼儿为了改变某物,必须设计要做什么以及怎么做,这是一种将注意力集中在行动结果上的自主水平。

(三)小小研究者们在混合与匹配

混合和匹配是非常重要的活动,它使当今的科学研究团体能够将新的知识添加到有关我们的世界的公共对话中。研究实验室通过合成以前没有关联过的材料或以新的方式使用材料来生产新产品。同样,在教室和家里,孩子们可以制作各种物品——例如洗手液、果汁饮料或意大利面制品——并提高测量、排序和计算等基本技能的熟练程度。

人脑在阅读文本时会混合和匹配音素,在解决数学问题时会匹配相应的值,在早上穿衣服时会搭配上衣和下装。物体和想法的结合是人类所有类型的行为和互动中的一种心智活动。

我们可以将一场好的对话视为一种表达组合,通过这一组合说话者表达其欲表达之意。总之,为幼儿提供混合和匹配的机会,不仅是良好科学课程的一部分，而且是充满教育意义的、吸引人的环境的一部分。

(四) 小小研究者们在设计和开发

当今的科学研究实验室花费大量的时间和精力来设计与开发新产品、实验计划和程序。例如，水瓶被重新设计以减少使用塑料，以减少不能被生物降解的垃圾。瓶中的水以新方式净化或添加新添加剂以增加滤出量。水被采用新程序装瓶以降低成本，或从使用新能源的工厂进行分配以减少税收。

同样，儿童可以参与成人世界运作的、相同类型的系统思考，但需要适合其生活经历的领域和特点。设计和开发产品及程序是令孩子们感到兴奋的挑战，而通过这些挑战他们可以分享自己的天赋。

三、课程计划模型

以下课程计划模型可用于设计一个从 1 天到数周不等的学习单元。它提供了本书中所有课程计划和单元计划的模板。

(一) 大概念

写一篇对使用者友好的科学主题的解释。它包括具体的例子和足够的细节，以便你可以有效地促进孩子们参与科学学习活动并回答他们的问题。

- 科学概念如何融入孩子们的日常生活？
- 你将强调哪些统一的科学概念？

评估：讨论你可以如何调整大概念以回应学生的不同理解。什么是先导概念，什么是高阶概念？

(二) 生成的相关问题

- 学生要解决的"问题"或挑战是什么？

- 描述你将如何组织课程。在本课中，学生将做什么以促进其对主题的学习？对于提前完成任务的学生，你可以设置哪些拓展活动？

评估：讨论你可以如何为班上不同的学生调整问题。

（三）材料/教学过程

讨论你和你的学生将在课程中使用的材料以及学生可以用这些材料做什么，以此来开展他们对问题的调查。描述安全问题。

评估：讨论你可以如何为班上不同的学生改变材料和程序。想想你的学生可以如何在相关领域扩展他们的思考。提供可以以不同方式增进学生思考的网站、文献和其他资源。

（四）评估学生的学习

- 你将如何帮助学生讨论他们所学的内容或他们提出的问题？
- 你将在学生的工作中培养哪些品质，你的评估与你所针对的课程目标和标准之间有何关联？
- 你将如何帮助学生组织和架构他们的学习？
- 你将使用哪些评估工具来指导你的教学？
- 你将如何在课程中设立检验节点以了解学生的理解情况？

四、成为专业人士

本书参考了《美国国家科学教育标准》（National Research Council，1996），这份文件指出了作为国家目标的学习结果，即所有学生都具备科学素养，以在我们不断变化的时代更好地承担他们的公民角色。这些标准的前身是《科学素养基准》（American Association for the Advancement of Science，

1993）。这两份文件凝聚了由数千名科学家和教育者组成的各种委员会和理事会等组织的集体努力。

2001 年批准的《不让一个孩子掉队法案》（*No Child Left Behind Act*，NCLB）在当前的教育领域中也非常引人注目，其中包括许多政策规定。然而，这些标准和规定往往会引起与教师和学校相矛盾的立法与行政指令。

五、相互矛盾的信息

今天的教师面临着许多来自相互矛盾的信息的挑战。尽管《美国国家科学教育标准》提倡以问题为基础、以学生为中心的科学学习方法，但联邦和州的许多规定强调标准化测验，并在学校未达到测验基准时采取惩罚性的经费措施。

《美国国家科学教育标准》将课程视为一个过程，在这个过程中教师根据对儿童学习方式的最佳理解来选择策略。而符合政策要求的课程，往往包括对所发布信息的真实回应，这些信息与进度表一起指示着教师何时处于课程中的哪个环节。

《美国国家科学教育标准》强调适合儿童发起的探究和可迁移的技能，这些都要适合于儿童及其当下的学习情境。相反，政策规定往往要求的是教授准确、简洁和准时的课程。尽管存在着这些混合信息，但一位有思想的教师可以采用策略来帮助孩子学习技能，为他们在标准化测验中取得成功做好准备。在好教师的指导下，孩子们受过训练的好奇心会引发其对证据的思考并从中建立概念性知识……进而使他们在测验中表现得很好。

美国国家研究委员会的无数研究表明，有意义的教育需要教师基于对学生的理解所做的评估来做出判断（Donovan & Bransford，2005）。简单来说，教师要为幼儿创设并维持一个充满智力挑战、有意义的教育环境，就必须与幼儿共同调查研究，并让幼儿"教"教师如何教他们。

全美幼教协会（NAEYC，2009）的最终标准——"成为一名专业人士"，总结了本书的结论。它认为，专业教育工作者将儿童的福祉和教育置于他们实践的中心，并投身于专业学习中，不断引导儿童更深入地了解如何实现这一目标。

> **成为一名专业人士**
>
> 申请者将自己视为一名早期教育专业人士，并按自己的身份行事。他们知道并使用与早期教育实践相关的道德准则和其他专业标准。他们是持续的、合作式的学习者，在他们的工作中展示出渊博的知识、反思性和批判性的观点，能做出明智的决定，善于从各种资源中整合知识。他们是良好的教育实践和政策的明智的倡导者。

也许我的一位亲爱的航海朋友德摩斯泰尼·帕格尼斯（Demosthenes Pagonis）船长充满智慧地总结出了幼儿教师对创造学习空间的看法："你无法控制风，你只能修理帆。"（Pagonis，personal communication，2009）。

六、一则简讯

本书以一则简讯开始，以同样的简讯结束：与你生命中的年轻人一起探索新的一天带来的奇妙惊喜，你将成为一名科学学习者和一位科学教师！

参考文献

Abbott, M. L., & Fouts, J. T. (2003). *Constructivist teaching and student achievement: The results of a school level classroom observation study in Washington.* Seattle, WA: Washington Research Center, Seattle Pacific University.

Adler, M. (1940). *How to read a book.* New York: Simon & Schuster.

American Association for the Advancement of Science. (1993). *Benchmarks for science literacy.* New York: Oxford University Press.

Andrews, G., Halford, G. S., Bunch, K. M., Bowden, D., & Jones, T. (2003). Theory of mind and relational complexity. *Child Development, 74*(5), 1476–1499.

Astington, J. (1993). *The child's discovery of the mind.* Cambridge, MA: Harvard University Press.

Astington, J. W., & Baird, J. A. (Eds.). (2005). *Why language matters for theory of mind.* New York: Oxford University Press.

Bereiter, C., & Scardamalia, M. (1989). Intentional learning as a goal of instruction. In L. B. Resnick (Ed.), *Knowing, learning and instruction*: *Essays in honour of Robert Glaser* (pp. 283–305). Hillsdale, NJ: Lawrence Erlbaum.

Bransford, J. D., Brown, A. L., & Cocking, R. R. (Eds.). (1999). *How people learn: Brain, mind, experience, and school.* Washington, DC: National Academies Press.

Brooks, J. G. (2002) *Schooling for life: Reclaiming the essence of learning.* Alexandria, VA: Association for Supervision and Curriculum Development.

Brooks, J. G., & Brooks, M. (1999). *In search of understanding: The case for constructivist classrooms.* Alexandria, VA: Association for Supervision and Curriculum Development.

Brooks, J. G., Libresco, A. S., & Plonczak, I. (2007, June). Spaces of liberty: Battling the new soft bigotry of NCLB. *Phi Delta Kappan, 88*(10), 749–756.

Brooks, J. G., & Thompson, E . G. (2005, September). Social justice in the classroom. *Educational Leadership, 63*(1), 48–52.

Carson, R . (1962). *Silent spring.* Boston: Houghton-Mifflin.

Carson, R. (1998). *The sense of wonder.* New York: Harper & Row. (Original work published 1956)

Center for Applied Special Technology (CAST). (2011). National Center for Universal Design for Living. Retrieved on January 17, 2011.

Chalufour, I., & Worth, K. (2005). *Exploring water with young children.* St. Paul, MN: Redleaf Press.

Charles, C. (2009). *Children and Nature Network.* Retrieved February 8, 2011,

Charteris, J. (2010). *Time to go.* London: Paperlink limited.

Confrey, J. (1990). *What constructivism implies for teaching.* In R. B. Davis, C. A. Maher, & N. Noddings (Eds.), Constructivist views of the teaching and learning of mathematics. *Journal for Research in Mathematics Education,* Monograph No. 44 (pp. 107–124). Reston, VA: National Council of Teachers of

Mathematics.

Confrey, J., & Kazak, S. (2006). A thirty-year reflection on constructivism in mathematics education in PME. In A. Gutiérrez & P. Boero (Eds.), *Handbook of research on the psychology of mathematics education: Past, present and future* (pp. 305–345). Rotterdam, Netherlands: Sense Publishers.

Cook, R. E., Tessier, A., & Klein M. D. (2007). *Adapting early childhood curricula for children with special needs.* New York: Prentice-Hall.

Damasio, A. R. (1994). *Descartes' error: Emotion, reason, and the human brain.* New York: Putnam.

Damasio, A. R. (1999). *The feeling of what happens: Body and emotion in the making of consciousness.* New York: Harcourt.

Damasio, A. R. (2003). *Looking for Spinoza: Joy, sorrow, and the feeling brain.* New York: Harcourt.

De Vries, H., & Goudsblom, J. (Eds.). (2002). *Mappae mundi—Humans and their habitats in a socio-ecological perspective: Myths, maps, methods and models.* Amsterdam: Amsterdam University Press.

Donovan, M. S., & Bransford, J. D. (Eds.). (2005). *How students learn: History, mathematics and science in the classroom.* Washington, DC: National Academies Press.

Duckworth. E. (1996). *The having of wonderful ideas.* New York: Teachers College Press.

Elkind, D. (1967). Egocentrism in adolescence. *Child Development, 138*(4), 1025–1034.

Faber Taylor, A., Kuo, F. E., & Sullivan, W. C. (2001). Coping with ADD: The surprising connection to green play settings. *Environment and Behavior, 33*(1), 54–77.

Fensham, P. (1992). Science and technology. In P. W. Jackson (Ed.), *Handbook of research on curriculum: A Project of the American Educational Research Association.* New York: Macmillan.

Forman, G., & Fyfe, B. (1998). *Negotiated learning through design, documentation and discourse.* Stamford, CT: Ablex Publishing Co.

Forman, G., & Hall, E. (2005, Fall). Wondering with children: The importance of observation in early education. *Early Childhood Research and Practice, 7*(2). Retrieved January 10, 2011.

Forman, G., Hall, E., & Berglund, K. (2001, September). The power of ordinary moments. Retrieved January 10, 2011.

Forman, G., & Hill, F. (1980). *Constructive play: Applying Piaget in the preschool.* Monterey, CA: Brooks/Cole.

Fosnot, C. T. (2005). *Constructivism: Theories, perspective, and practice* (2nd ed.). New York: Teachers College Press.

Fromberg, D. P. (2009, April). How nonlinear systems inform meaning and early education. *Nonlinear Dynamics, Psychology and Life Sciences, 14*(1), 47–68.

Fuller, F. (1969). Concerns of teachers: A developmental conceptualization. *American Educational Research Journal, 6*(2), 207–226.

Furth, H. B., & Wachs, H. (1975). *Thinking goes to school: Piaget's theory in practice.* New York: Oxford University.

Goleman, D. (2006). *Social intelligence: The new science of human relationships.* New York: Bantam Books.

Gopnic, A., Meltzoff, A., & Kuhl, P. (1999). *The scientist in the crib: What early learning tells us about the mind.* New York: HarperCollins.

Gordon, D. T., Gravel, J. W., & Schifter, L. A. (2009). *A policy reader in universal design for learning* (pp. 5–18). Cambridge, MA: Harvard Education Press.

Hale, C. M., & Tager-Flusberg, H. (2005). Social communication in children with autism: The relationship between theory of mind and discourse development. *Autism, 9*(2), 157–178.

Hapgood, S., & Palinscar, A. S. (2007, December-January). Where literacy and science intersect. *Educational Leadership, 64*(4), 56–60.

Hesse, K. (1999). *Come on, rain.* New York: Scholastic Press.

Huttenlocher, P. R. (2002). *Neural plasticity: The effects of environment on the development of the neocortex.* Cambridge, MA: Harvard University Press.

Inhelder, B., & Piaget, J. (1958). *The growth of logical thinking from childhood to adolescence.* New York: Basic Books.

Kamii, C., & DeVries, R. (1993). *Physical knowledge in preschool education.* New York:Teachers College Press.

Kandel, E. R. (2007). *In search of memory: The emergence of new science of mind.* New York: Norton.

Kozol, J. (2005, September 1). Still separate, still unequal: America's educational apartheid. *Harper's Magazine, 311*(1864).

Krakovsky, M. (2005). Dubious "Mozart effect" remains music to many Americans 'ears.*Stanford Report.* Retrieved January 5, 2011.

Kuhn, D. (1989). Children and adults as intuitive scientists. *Psychological Review, 96*(4),674–689.

Lilley, I. M. (2010). *Friedrich Froebel: A selection from his writings.* New York: Cambridge University Press.

Linn, M. C., Davis, E. A., & Bell, P. (Eds.). (2004). *Internet environments for science education.* Mahwah, NJ: Lawrence Erlbaum.

Locker, T. (1997). *Water dance.* San Diego, CA: Hartcourt Brace.

Louv, R. (2008). *Last child in the woods: Saving our children from nature deficit disorder.* Chapel Hill, NC: Algonquin.

Louv, R. (January 7, 2010). Last child in the woods of pandora. Retrieved February 8, 2011.

Malaguzzi, L. (1993a). For an education based on relationships. *Young Children, 49*(1), 9–12.

Malaguzzi, L. (1993b). History, ideas, and basic philosophy. In C. Edwards, L. Gandini, & G. Forman (Eds.), *The hundred languages of children: The Reggio Emilia approach to early childhood education* (pp. 41–89). Norwood, NJ: Ablex.

Marshall, E. (n.d.) Current brain research: What does it tell us and what does it mean? Retrieved on January 4, 2009.

Matthews, M. (1998). *Constructivism in science education: A philosophical examination.* Norwell, MA: Kluwer.

Michaels, S., Shouse, A. W., & Schweingruber, H. A. (2007). *Ready, set, science! Putting research to work in K-8 science classrooms.* Washington, DC: National Academies Press.

Mitchell, L. S. (1916). A credo for Bank Street College. Retrieved on February 25, 2007.

Moore, R. (1999). Healing gardens for children. In C. C. Marcus & M. Barnes (Eds.), *Healing gardens: Therapeutic benefits and design recommendations.* New York: Wiley.

Moore, R., & Wong, H. (1997). *Natural learning: The life history of an environmental schoolyard.* Berkeley, CA: MIG Communications.

National Arbor Day Foundation. (2007). *Learning with nature idea book: Creating nurturing outdoor spaces for children* (V. Cuppens, Ed.). St. Paul, MN: Redleaf Press.

National Association for the Education of Young Children. (July 2009). NAEYC Standards for Early Childhood Professional Preparation Program. Retrieved on January 16, 2011,

National Association of Elementary School Principals and Educational Research Services. (2009, Winter). Research Round Up. Retrieved on January 9, 2011.

National Research Council. (1996). *National science education standards.* Washington, DC: National Academies Press.

National Research Council. (2000). *How people learn: Brain, mind, experience, and school.* Washington, DC: National Academies Press.

National Scientific Council on the Developing Child. (2007). *The science of early childhood development: Closing the gap between what we know and what we do.* Retrieved on November 29, 2010.

National Wildlife Federation. (2011). *Garden for wildlife.* Retrieved January 16, 2011.

Naylor, S., & Keogh, B. (2000). Concept cartoons in science education. Sandboch, UK: Millgate House.

Nelson, C., & Luciana, M., (Ed.) (2001). *Handbook of Developmental Cognitive Neuroscience.* Cambridge, MA: The MIT Press.

Pagonis, D. (May 7, 2009). Personal communication.

Perkins, D. N., & Salomon, G. (1990). The science and art of transfer. Retrieved November 15, 2009.

Perneger, T. V. (2006). Borges on classification. *International Journal for Quality in Health Care, 18*(4), 264–265.

Piaget, J. (1932). *The moral judgment of the child.* New York: Free Press.

Piaget, J. (1937). *The construction of reality in the child.* London: Routledge Classics.

Piaget, J. (1947). *The psychology of intelligence.* New York: Routledge Classics.

Piaget, J. (1965). *Insights and illusions of philosophy.* London: Routledge & Kegan Paul.

Piaget, J. (1981). *Intelligence and affectivity: Their relationship during child development.* Palo Alto, CA: Annual Reviews.

Pinker, S. (1999). *How the mind works.* New York: Norton.

Pinker, S. (2007). *The stuff of thought: Language as a window into human nature.* New York: Viking.

Premak, D., & Woodruff, G. (1978). Does the chimpanzee have a theory of mind? *Behavioral and Brain Sciences, 1*(4), 515–526.

Pugh, K. J., & Bergin, D. A. (2005). The effect of schooling on students' out-of-school experience. *Educational Researcher, 34*(9), 15–23.

Rose, D. H., & Vue, G. (2010). 2020's learning landscape: A retrospective on dyslexia. *International Dyslexia Association, Perspectives on Language and*

Literacy, 36(1), 33–37.

Rutherford, F. J. (1991). Vital connections: Children, books, and science. In W. Saul & S. A. Jagusch (Eds.), *Vital connections: Children, science, and books* (pp. 21–30). Washington, DC: Library of Congress.

Sagan, C. (1995). *The demon-haunted world: Science as a candle in the dark.* New York: Random House.

Sheldon, K. M., & Biddle, B. (1998). Standards, accountability, and school reform: Perils and pitfalls. *Teachers College Record, 100*(1), 164–180.

Shonkoff, J. P., & Phillips, D. A. (Eds.). (2000). From neurons to neighborhoods: The science of early childhood development (Committee on Integrating the Science of Early Childhood Development; National Research Council; Institute of Medicine). Washington, DC: National Academy Press.

Shreeve, J. (2005). Beyond the brain. *National Geographic.* March, 2–31. Retrieved on Jan 5, 2010.

Siegel, D. J. (1999). *The developing mind: Toward a neurobiology of interpersonal experience.* New York: Guilford Press.

Siegel, D. J. (2001). *The developing mind: How relationships and the brain interact to shape who we are.* New York: Guilford Press.

Siegel, D. J. (2010). *Mindsight: The new science of personal transformation.* New York: Bantam Books.

Spock, B. (2004). *Preschoolers: Magical and egocentric thinking.* Retrieved on February 23, 2007.

Thompson, R. A. (2008, December). Connecting neurons, concepts, and people: Brain development and its implications. Preschool Policy Brief. *National*

Institute for Early Education Research, 17.

Tirabosco, T. (2001). *At the same time.* San Diego, CA: Kane/Miller.

Tortora, G., & Grabowski, S. (1996). *Principles of anatomy and physiology* (8th ed.). New York: HarperCollins College.

Trefil, J. S. (2008). *Why science?* New York: Teachers College Press.

Von Glasersfeld, E. (1995). *Radical constructivism: A way of knowing and learning.* London: Falmer.

Wadsworth, B. (1989). *Piaget's theory of cognitive and affective development* (4th ed.). White Plains, NY: Longman.

Warren, B., & Rosebery, A. S. (1992, August). Science education as a sense-making practice: Implications for assessment. In *Focus on Evaluation and Measurement* (Vol. 2), Proceedings of the National Research Symposium on Limited English Proficient Student Issues, Washington, DC, September 4–6, 1991. Washington, DC: U.S. Department of Education, Office of Bilingual Education and Minority Languages Affairs.

Wellman, H., Cross, D., & Watson, J. (2001). Meta-analysis of theory-of-mind development: The truth about false belief. *Child Development, 72*(3), 665–684.

Wien, C. A., Coates, A., Keating, B-L., & Bigelow, B. C. (2005). Designing the environment to build connection to place. *Young Children, 60*(3).

Wimmer, H., & Perner, J. (1983). Beliefs about beliefs: Representation and constraining function of wrong beliefs in young children's understanding of deception. *Cognition, 13*(1), 103–128.

Worth, K. (1998). The power of children's thinking. In *Foundations: A Monograph for Professionals in Science, Mathematics, and Technology Education, Vol. 2,*

Inquiry: Thoughts, Views, and Strategies for the K–5 Classroom. Division of Elementary, Secondary, and Informal Education Directorate for Education and Human Resources. Washington, DC: National Science Foundation.

Worth, K., & Grollman, S. (2003). *Worms, shadows and whirlpools: Science in the early childhood classroom.* New York: Heinemann.

Yager, R. E., & Enger, S. K. (Eds.). (2006). *Exemplary science in grades preK-4: Standards based success stories.* Arlington, VA: National Science Teachers Association.

Yoon, J., & Onchwari, J. A. (2006, June). Teaching young children science: Three key points. *Early Childhood Education Journal, 33*(6), 419–423.